株式会社ジェイフィール
片岡裕司／阿由葉隆／北村祐三

限界を突破する4つのステップ

「目標が持てない時代」のキャリアデザイン

日本経済新聞出版

はじめに――新しい目標を次々に生み出すキャリア新世紀

「自分のキャリアはこのままでいいのか？」

本書を手に取られた多くの方がこんな気持ちを持たれているのではないでしょうか。

「何かを変えたいが、何から始めればよいかわからない」
「今の会社にずっといたいとは思わないが、生活の保障を考えるとリスクを取れない」
「資格取得を考えているが、それが本当に役に立つのか自信がない」

漠然とした不安を抱え、何かを頑張りたいが、何を頑張っていいかわからない。先のことには目をつぶり、とりあえず目の前の仕事を頑張るしかない。

皆さんがそう思うのは当然のことです。なぜなら、**働き方が激変する時代の特性と、これまでのキャリアを考える方法論がフィットしていない**からです。

◉働き方の大きな節目がやってきた

激変した今の時代を本書では、目標が消える・持てない「目標喪失時代」と呼んでいます。ちょっと話が飛びますが、戦国時代から江戸時代、そして明治維新へと変わっていった時代のことを考えてみてください。戦国時代の武士は目標が明確でした。戦で武功を上げ、立身出世していく。そのためには剣術をはじめ武芸を磨くなど、すべき努力もはっきりしています。時代が進み江戸時代。長く戦のない時代となり、武士にとって何を目指すか、何を努力するかが曖昧、多様になっていきます。さらに時代が進み、明治維新。遂には武士そのものが消滅します。

目標喪失はこのように、**目標そのものがなくなったり、目標が無意味になるほどの想定外の変化が起こったりする**時代の大きな節目の現象です。そして今、働く私たちを襲っているのが戦国時代から明治維新に至るような時代の激変なのです。

1つの会社、1つの専門性を追い、管理職という目標へとステップアップする。これがかつての会社員の姿でした。しかし、これからの20年、猛スピードで時代は変化していきます。戦国時代の武士が、現代の会社員だとすれば、そうした身分（職業）自体がいつしか少数派になるかもしれません。

これらの変化を推し進めるのが、**「ＡＩ化」「人生１００年時代」「人口減少」「コロナショック」等**といった時代背景です。

◉目標を失った先に待つ「想像以上の新たな自分」

目標喪失時代という言葉に、ネガティブな印象を持つ方もいるでしょう。しかしその本質は、社会が規定し、私たちが「当たり前」と考えていた目標がどんどん失われる代わりに、**新しい目標を自分自身で生み出せる時代に変わる**ということです。武士の例でいえば、刀を失った、しかし実業家でも教師でも新たな産業の担い手でも何にでもなれる機会を得たということです。

大切な目標を失うことは確かにショックな出来事ですが、見方を変えれば、目標を失った先にいる、想像すらしなかった新しい自分と出会えるチャンスでもあります。

そのチャンスを活かすには、**新たな目標を生み出す方法論が必要**です。本書は、時代を切り拓く新しいキャリアデザインの方法論をお伝えしていきます。

キャリアを考えるにはこれまでは、「WILL × CAN × MUST」という3つの視点から目標を見出そうとするフレームがよく使われてきました。目標を定め、より効率的なプロセスを描き、その達成を目指していくものです。一方、目標喪失時代のキャリアデザインでは、プロセスの中で次々と目標を生み出していきます。目標を生み出す土壌として**もっとも重要になるのが、キャリアの目的（パーパス）を育む**ことです。

◉「4つのステップ」を循環させる

【目標喪失時代のキャリアデザインの4ステップ】

［ステップ1］キャリアの目的（パーパス）を育てる
［ステップ2］体質改善に取り組む
［ステップ3］目標をたくさんつくる
［ステップ4］キャリアを楽しく実験する

これら4つを循環させることで、目標を次々生み出し、現時点では思いもつかないような、想像以上の自分になることができます。

いつの時代も変化というのは、それに抗った人には向かい風となり、取り込んだ人には

[図表はじめに-1]

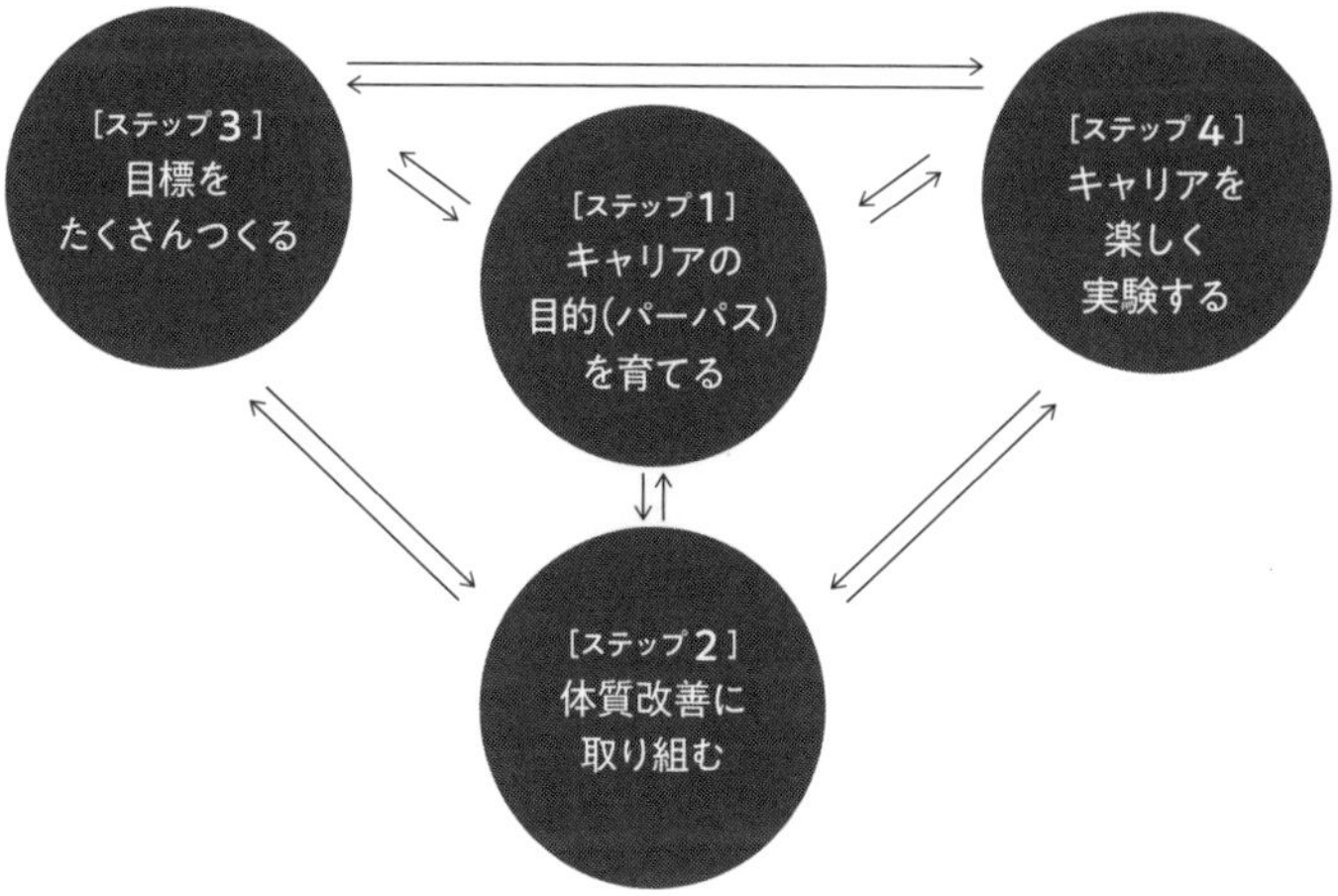
[ステップ3]
目標を
たくさんつくる
[ステップ4]
キャリアを
楽しく
実験する
[ステップ1]
キャリアの
目的(パーパス)
を育てる
[ステップ2]
体質改善に
取り組む

追い風になります。今、皆さんが人生を歩む上で向かい風を感じているのであれば、ぜひそれを追い風に変えてください。

「目標主導→目的主導」「自分ひとりで考える→他人に聞く」「絞り込む→たくさんつくる」「綿密な行動計画→楽しく実験」などなど、本書で説明する方法論はシンプルで一つひとつは難しいことではありません。ただ、**今までの常識とは異なる**ので、まじめな人ほど違和感があるでしょう。しかし、「できること」で「やっていないこと」を積み上げていくことが私たちの人生を大きく変えていきます。楽しんで本書を読み進めながら、勇気を持っていろいろとチャレンジしていただければ幸いです。

◉ワークショップ形式で楽しく実践

本書は8章構成となっています。序章ではキャリアデザインの方法論を刷新すべき背景について、第1章では目標喪失時代のキャリアデザインの全体像（「4つのステップ」）について解説。第2章から第5章はステップそれぞれに関して、解説とワーク、ケーススタディをセットにしています。キャリアデザインについては、組織の人事部門の役割も大切になってきます。第6章は人事の仕事をされている方にも役立つように企業事例を紹介、終章はまとめとなります。序章から順番に読んでいただくことを想定していますが、ワークを体験しながら早く実際のキャリアについて考えたい人は第2章からスタートして一気に第5章まで進んでいただいても構いません。

なお、本書は主に**30代、40代の就職氷河期世代**を意識していますが、**50代半ばで今後のキャリアに不安を抱く方**や、**就職活動中の方**にも参考になるものと自負しています。

最後になりましたが、著者陣の自己紹介をさせていただきます。私は株式会社ジェイフィールのコンサルタント、片岡裕司です。組織開発コンサルタントとして人と組織を元気にするのが仕事です。同業の人事、人材系のコンサルティング会社のほとんどが、業績や生産性向上のための組織の強化を目標に掲げる中、私たちは**イキイキ、ワクワク働ける社員を生み出した上で、結果として成果が出てくるという組織開発**に取り組んでいます。

本書は私たちがさまざまな企業研修を通じて積み上げてきた知見をベースに、社会人向け大学院で教鞭をとる片岡、プロのコーチでもある北村祐三、キャリアカウンセラーでもある阿由葉隆の3名の異なる専門性をぶつけながらつくり上げました。実際の執筆に際しては、主に片岡が理論部分、阿由葉が各章のケーススタディ、北村がワーク部分を担当しています。3名の講師が分担しながら進む構成となっており、楽しみながらワークショップに参加する気持ちで読み進めていただければと思います。

社会が用意したレールではなく、自ら新しいレールをつくり出し、走っていける力を身につける。これは、激変の時代を味方につける方法です。私たちと一緒にその力を身につけていきましょう。

２０２１年８月

片岡裕司

「目標が持てない時代」のキャリアデザイン　目次

第1章　限界突破に向けた4つのステップ

トレーニング編

第2章 キャリアの目的（パーパス）を育てる

第3章 体質改善に取り組む

第4章 目標をたくさんつくる

第5章 キャリアを楽しく実験する

企業内実践編

第6章　人事の果たす新たな役割

――NTTコミュニケーションズ社の取り組みより

展望編

終章 限界を突破し、想像以上の自分になれる時代へ

装幀◎鈴木大輔、仲條世菜（ソウルデザイン）
カバーイラスト◎akaomayo-stock.adobe.com
〈http://stock.adobe.com〉
本文設計・ＤＴＰ◎ホリウチミホ（nixinc）
校正◎内田翔

理論編

Theory

序章

目標喪失時代のリアル

1
「人生100年時代×コロナショック」がもたらしたもの

新時代のキャリアデザインを実践するにはまず、**今私たちが生きている時代の本質を正しく捉える**必要があります。キャリアという観点から今という時代を表現すれば、「目標喪失の時代」といえます。随分ネガティブな表現だとがっかりする人がいるかもしれませんが、これは、次々に目標を生み出せる時代という希望もこめたものです。

私が社会人になったのは1998年、いわゆる就職氷河期世代です。就職活動で苦労し、希望した企業に入社できなかった人。配属された部門で専門性を高めようと努力したが、その部門が事業ごと撤退、突然異動になった人。上がつかえて40代でもなかなか部下を持つマネジメント職につけていない人……同年代の友人にはこうした人が多くいます。久々に集まっても仕事や会社の夢や思いを語る人も少なくなり、グチがほとんど。これは必ずしも40代に限った話ではなく、ある調査では、「仕事のやりがいや目指すべき目標はありますか？」という質問に「はい」と答えた人はわずか37・1％という結果が出ています。20代、30代も含めてこの数字です（2020年3月／株式会社 LENDEX 調査）。

　でも皆さん、だからといって仕事にやりがいや目標を求めるものではないと思わないでください。これは、**私たちが学んできたキャリアの常識が賞味期限切れになっている**だけなのです。賞味期限切れの道具でもがいても何も生まれないので、私たちは疲れ、目標を見失い、あきらめてしまった――というわけです。

　実は、バブル崩壊以降の失われた20年においてすでに目標喪失時代は始まっていましたが、その影響を受けていない人がまだたくさんいました。1つの会社、1つの専門性を追い、管理職という目標へステップアップできた人も多く存在したのです。

　しかし、昨今、社会構造に地殻変動をもたらす大きな出来事が起こっています。「人生100年時代」の到来です。さらに、コロナショックが地殻変動の促進剤となっています。

45歳でも折り返しに来ていない

　ご承知のように、「人生100年時代」という言葉はロンドン・ビジネススクールのリンダ・グラットン教授、アンドリュー・スコット教授が著した『LIFE SHIFT（ライフ・シフト）』が引き起こしたムーブメントです。同書にはこんなクイズが載っています。「100歳まで生きるとして、勤労時代に毎年所得の10％を貯蓄し、引退後は最終所得の50％相当の資金で毎年暮らしたいと考える場合、あなたは何歳で引退できるのか？」

概ね80歳というのが正解になるそうです。もちろん各国で年金制度も違いますし、計算の前提条件となる長期の投資利益率や所得の上昇（もしくは下降）ペースによっても異なりますが、定年年齢70歳への引き上げのニュースや年金の支給時期が選択できる仕組みなどの話を聞いていても、現在40代の方々は少なくとも75歳くらいまでは働くことがキャリアの標準モデルとなることは間違いありません。

ちなみに、各人の健康への取り組み次第ではありますが、平均寿命と健康寿命のギャップイヤーは8年〜10年という状況で、**人生100年時代とは人生の元気な期間の延長につながる変化**だと理解できます。仮に45歳であればまだ折り返しにも来ていないのです。

コロナショックが最後の一撃

働く期間が延びていくことは私たちのキャリアデザインや企業の人事施策、人事制度に大きな影響を与えます。22歳から働き始めたとして、75歳が定年年齢となれば職業キャリアは53年。会社の寿命は30年といったりしますが、東京商工リサーチの調査では倒産企業の平均寿命は23・5歳。「中小企業白書」によれば創業20年を超えられる企業は約半分。会社の寿命を私たちの職業キャリアがはるかに超えてしまったともいわれます。日本で主流であった**企業主導型のキャリア形成は、現実的に厳しくなっている**のです。

「終身雇用」「新卒一括採用」「年功序列」という日本型雇用システムも崩壊寸前です。これまでは新卒採用時は低い給与でスタートするものの、退職金も含めた生涯年収でカバーする仕組みが成り立っていました。給与の後払い制度ともいいます。日本のビジネスパーソンの年収は世界の中できわめて低いといわれますが、この制度が影響しているでしょう。

しかしすでに私たちの職業キャリアが会社の寿命を超えている以上、老舗の大企業でも「終身雇用」はほとんど不可能になります。後払い給与は実質払われることはありません。このことに企業は薄々気づきながらも、バブル期に入社した大量の社員を養うために、若手層の処遇を上げることができないのです。

雇用の長期化、職業キャリアの長期化により日本型雇用システムはすでに崩壊寸前にもかかわらず、その事実を必死に働き方の「パンドラの箱」に押し込んで隠し通そうとしていた。これがわが国の実情でした。しかし2020年、コロナショックにより働き方にこれまでにない地殻変動がもたらされ、遂にパンドラの箱が開いてしまいます。

コロナウイルス感染リスク低減のために多くの企業が在宅勤務を推進、さらに大きく制度面でも舵を切り始め、オフィス面積を半減させる会社のニュースなどもメディアで頻繁に見るようになりました。ある企業のトップは新聞のインタビューでこう語っています。

「在宅勤務の定着で社員がもっと効率的に時間を使いたいという声もあり、副業も一気に解禁しました。合わせてジョブ型の人事制度にも変更する予定です。これらは社員への処遇を下げていきたいということではまったくありません。処遇は少し上がるはずです。これらを通じて達成したいのは、雇用の流動化です」

今までは離職率を下げ、社員の所属欲求を高めてきた企業トップが、「進めたいのは雇用の流動化」と明言することは驚きの変化です。

テレワークに関していえば、実施率は全国平均20％程度で、都心の大手企業に限った話と思われるかもしれませんが、雇用と働き方の常識は徐々に地方、中小企業へと広がっていきます。中小企業が採用面で強みをつくろうとすれば、報酬ではなく働き方の柔軟性に改革のメスが入ることが必至であるためです。

専門性も陳腐化する

また、働く人たちの意識も変化してきています。実際あるアンケートで、現在所属している企業で「定年まで働けない」（働きたいけれど会社を出ざるを得ない）と考える人は7割を超えるという結果が出ていました。

50年超というきわめて長い個人の職業キャリアを企業が保障することが現実的でなくなっている、個人の側も**企業に自分のキャリアを預けることがリスクになることを理解**しつつある、その証左といえるでしょう。

そんな不安から個人で専門性を高めようと資格取得を目指したり、社会人大学院で勉強したりという動きも高まっています。私が教鞭をとる多摩大学大学院の社会人のＭＢＡコースも応募が増えつつありますが、その専門性にも問題があります。

慶應義塾大学の高橋俊介特任教授は著書『21世紀のキャリア論』で、21世紀のキャリアのキーワードは「専門性の細分化深化」と「想定外変化」と語っています。「想定外変化」については、コロナショックで多くの人が身に染みて実感したでしょう。ポイントはもう1つのキーワード、**「専門性の細分化深化」**です。

デジタル化やロボットの登場により自動化できる業務や大量のデータを処理するような仕事など、さまざまな業務が人間から機械やコンピュータに置き換わり、また、AIの登場で思考力の必要な仕事も徐々にコンピュータへと置き換わっていっています。結果として、私たち人間がする仕事は求められる専門性が狭く深くなっているという指摘です。

強みである専門性が狭く深いとどうなるのか。深さは関係ありませんが、自分の専門範囲が狭くなると、その専門性が陳腐化したり不必要となったりする可能性、リスクがどんどん高まるということです。価値ある専門性を築くことが難しくなっている上に、その陳腐化の可能性が高まっているという二重の問題を抱えているのです。

組織に頼ってキャリアを構築することは難しい。では自分の専門性で勝負していこうと思うと、その**専門性があっという間に価値を失うリスクをはらんだ時代。**

何を目標とすればいいのか、まさに誰もが悩み惑う時代となっているのです。

2 キャリアを襲う4つの不安

「人生100年時代×コロナショック」が働き方のパンドラの箱を開けた。これが今です。パンドラの箱は、開けてはいけない災いの箱と解釈されがちですが、元となったギリシア神話には続きがあります。神ゼウスからもらった箱をパンドラという女性が好奇心で開けると災いが飛び出したものの、**最後に箱の中には、希望が残っていた**というものです。

本書の主題もまさにこれです。目標喪失をチャンスに変えて、新たな自分の可能性を発見するという限界突破の方法論です。ただ、その果実を得るには現実を正しく認識する必要があります。

組織は人材を流動化しようとし、私たちは個人主導でのキャリア形成をはかる時代になったと前述しました。こうした話をセミナーや研修でお伝えすると、頭では理解しつつも、漠然とした不安を覚えてなかなか行動につなげられないとおっしゃる方が多くいます。

実は、**キャリアを築く上で大きな障壁になるのがこの「漠然とした不安」**です。正体がわからない不安は人間の思考を停滞させ、行動を阻害する要因となるのです。そこで、キャリア形成における4つの不安を考察し、それぞれの解消策を提示していきましょう。

①孤独化不安

まずは孤独化不安です。コロナショックで多くの職場で物理的な距離感を保つコミュニケーションを強いられ、相手の感情や本心が探りにくくなりました。2020年のパーソル総合研究所の調査では、テレワークを導入している職場では28・8%の社員が孤独を感じているという結果が出ています。また組織側が人材の流動化を志向していくと、組織がお互いの人生を支え合うような共同体でなくなっていく可能性が高まっていきます。

個人主導のキャリアというと個人主義と感じるかもしれませんが、キャリアを考える上で**他者との関係性、仲間、コミュニティは重要な要素**です。限界を突破していくにはよりよい関係性、ネットワーク、人脈は欠かすことができません。

そうなると、私たちはこれから、孤独化不安を解消しキャリアの基盤となる関係性を主体的につくっていく必要があります。ネットワークの広げ方は第3章で触れていきます。

②スキル陳腐化不安

スキルの陳腐化は、想定外変化と専門性の細分化深化によってすべての人が直面する課題、不安となりました。２０２１年のパーソル総合研究所の調査ではＩＴ系以外の職種では36・８％程度のビジネスパーソンがスキルの陳腐化不安をすでに持っており、ＩＴ系の技術者は46・５％近くの方がスキル不安を感じています。

一方でまだまだ私たちの頭の中には前世代のキャリア観が残っている部分があります。職場で「若い頃は苦労していろいろ挑戦したほうがいい」という言葉を聞くことも多いでしょう。この裏側にあるのは、若い頃に学び、中堅になったらそれを中核で担い、ベテランになったら後継者を育成し余生へと向かう単線型のキャリア観です（図表序－１）。

しかしもはや、中堅でも、ベテランになっても**絶えず新しい専門性の構築にチャレンジすることが求められる**時代になってしまったのです。この前提によってもう１つの不安が生じます。それは、時代に合わせた新しいスキルの獲得を、何歳になっても好奇心を持って続けられるのかという能力向上の不安です。これについても第３章で詳しく説明します。

[図表序-1] 専門性の単線型キャリアと複線型キャリア

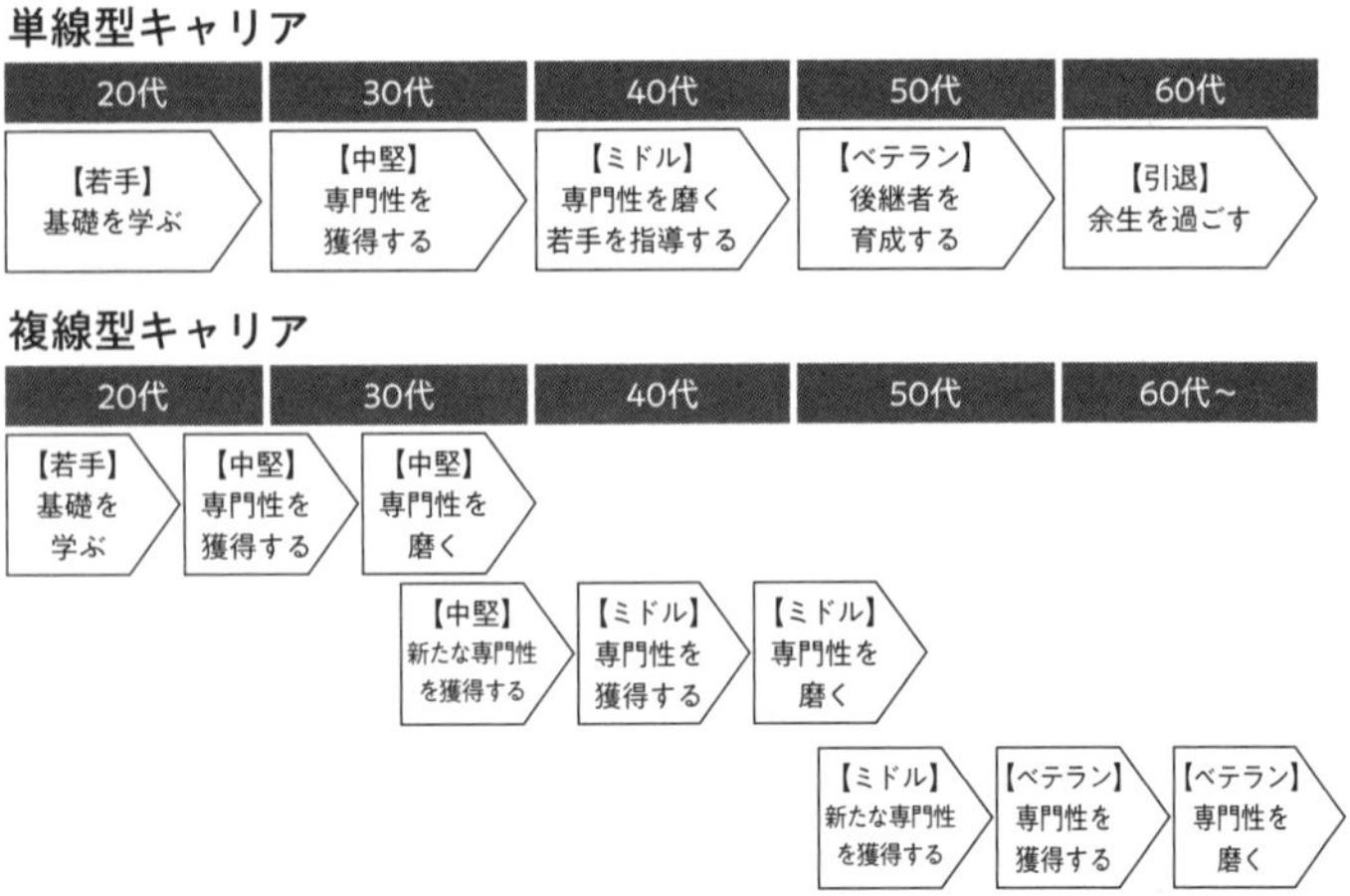

③不安定化不安

世代的にも40代、50代は子供の教育費がかかる年代で、介護という問題もそろそろ見えてきます。やりがいよりも収入に意識が向く人も多く、不安定化というのは大きなストレスとなります。図表序-2は働く人の意識調査です。働く人がストレスに感じる要因で、**収入（経済面）への不安が、2020年突然1位**になっています。コロナショックで一気に不安定化不安が高まっていることがよくわかります。

実は、大きな不安定を生み出す根本原因は、どこにも安定した環境がないにもかか

[図表序-2]「収入」への不安がストレス要因のトップに浮上

Q1. あなたが勤務先においてストレスを感じる１番の要因は何ですか。
【TOP5】(複数回答)

	全体(2020年) n=1,000	全体(2019年) n=919	全体(2018年) n=898	全体(2017年) n=896
1位	収入(経済面) 22.4%	仕事の内容 34.6%	上司との人間関係 38.9%	上司との人間関係 39.7%
2位	仕事の内容 21.40%	給与や福利厚生などの待遇面 31.80%	同僚との人間関係 29.00%	仕事の量が多い　28.8% 給与や福利厚生などの待遇面　28.8%
3位	上司との人間関係 14.6%	同僚との人間関係 27.3%	仕事の内容 27.2%	–
4位	上司・部下以外の社内の人間関係 14.4%	上司との人間関係 26.9%	仕事の量が多い 26.8%	同僚との人間関係 25.6%
5位	仕事環境 10.7%	仕事の量が多い 24.7%	給与や福利厚生などの待遇面 25.6%	お客様や取引先との人間関係 17.5%

チューリッヒ生命　2020年ビジネスパーソンが抱えるストレスに関する調査より(2020年4月23日)

わらず、安定しようとすることにあります。逆にいうと、**不安定であることを前提にすべてを考え、計画し、準備することが解決策となる**のです。以前ある先輩からこんな風にいわれました。

「収入の70％で生活を組み立てて、残りは貯蓄に回すといい。そうすれば、今の会社を辞めることになってもしばらくは貯えでなんとかなるから。やりたいことがあっても、30％ぐらい自分の年収を下げればチャレンジできるものだしね」

これも不安定を前提にした準備です。特に人生100年時代ではどんなリスクに見舞われるか予想もできません。確実な安心や安定はどこにも存在しないのです。その際に必要なのは**ある程度の貯えとチャレンジを下支えする健康**です。生活面での支出を見直すことと、健康に人一倍気を配ることはキャリアデザインの最重要項目といえるでしょう。

④目標喪失不安

最後は目標喪失不安です。目標には私たちを動かす大きなパワーがあります。一方で、パワーがあるからこそ、失ったときに喪失感もあります。現在多くの人が、喪失を恐れ、喪失しないだろう目標を無難に立てたり、逆に目標が見出せないといって立ち止まったりしてしまっているのです。

しかし目標喪失は不可避の時代、**これからのキャリアデザインは、目標喪失を前提にし、目標の連続開発を可能にするもの**でなければいけません。何を頑張っていいかわからない。今の目標に向かって本当に進んでいいのか悩んでいる。そうした方はぜひこのまま読み進めてください。

3 これまでのキャリアデザインが通用しない理由

目標喪失がすべての人に起こる時代です。今もし皆さんが、「何を頑張ってよいかわからない」と感じていても、自分を責めることはありません。それは皆さんが悪いのではなく、私たちが学んできたキャリア論や目標へのアプローチ法に問題があるのです。では、何が問題なのか。何と決別すべきなのでしょうか。

まず私たちが決別すべきは、外的成功に最大の価値があるとする伝統的なキャリア思考です。アメリカンドリーム的なイメージで、米国人こそ金銭的成功を追い求めると思いがちですが、カンター・ジャパンという調査会社が２０１２年に実施した調査では、「もっと多くの財産があれば幸せなのに」と考える人の割合は中国70％、日本65％、ドイツ37％、イタリア36％、フランス35％、イギリス21％、アメリカ16％となっています。私たち**日本人のほうが金銭的な成功に重きを置く傾向**があるのです。日本では外的、金銭的、組織での出世といった成功が大きな価値を持つ現状が残っており、このような伝統的な組織内キャリアの考えと決別する必要があります。

1976年にボストン大学経営大学院のダグラス・ティム・ホール教授が「プロティアン・キャリア」という考え方を提唱しました。「プロティアン」とはギリシア神話に出てくる、思いのままに姿を変えることができる神プロテウスにちなんだもので、社会の変化に応じて**「変幻自在」に「一人で数役を演じる」キャリアづくり**が必要であり、可能だという提言です。教授は、米国で中心的な考え方であった組織内キャリア、外的成功というキャリアが終焉を迎え、個人での内面的成功といった主観的な価値観の充足が中核となるキャリアの時代に代わることを唱えています。

伝統的組織内キャリア的な発想は、現代の社会ではもはや機能不全を起こしています。後塵を拝しているわが国でもこの流れは必至です。

方法論の3つの限界

伝統的な組織内キャリアが機能しなくなっていくことに合わせ、具体的なキャリアデザインの方法論にも大きく3つの限界が生まれています。

限界1 「自分のキャリアは自分で考える」こと

キャリアの問題に限らず、私たちは「自分のことは自分が一番よく知っているのだから、自分で考えることが正しい」と刷り込まれています。まじめな人ほどこの傾向が強いでしょう。しかし大事なのは、考える前にいろいろと相談することです。限られた選択肢や条件で考えていても広がりがありません。

先のダグラス・ティム・ホール教授は、関係性アプローチによるキャリア形成という考えを説いています。「今日のような複雑で混沌とした社会において、ビジネス界で起こる事象を完全に理解することはもはや個人の能力を超えており、社会に蓄積された知性をもってするしかない」。つまり**キャリアにおける正しい判断を個人でするのはもう限界だ**ということで、本書の提案とまさに共感する考えです。

限界2 「絞り込んだ目標を立ててその達成を目指す」こと

目標を絞り込み達成を目指すスタイルには、大きく2つの問題点があります。

1つは、こうした発想そのものが結果志向、外的成功志向のキャリアを助長するということです。もちろん内的充実を目標にもできますが、一般的には、内的充実につながるのはプロセスの充実であり、結果は外的なキャリアと紐づきがちになります。まさに、現代の社会では機能不全となった伝統的組織内キャリア的発想の方法論といえるでしょう。

もう1つは、**目標を絞り込むことで目標喪失時のダメージを受けやすくなる**ことです。これからの時代は、目標喪失を前提に複数の目標を重ねながら進めるキャリアのデザインが必要です。それがプロセスの充実につながるという側面もあります。

限界3 「目標の立て方」

キャリア研修などでよく使われるフレームに「WILL（やりたいこと）×CAN（できる、得意なこと）×MUST（求められていること）」を整理し、3つの要素の重なり合いにキャリアの目標が見つかるというものがあります。しかしこのフレームには実は3つの大きな問題があります。

問題1 WILLの道具化

WILL＝やりたいこと、と述べましたが、ここには自分のキャリアの価値観や自分が人生で大切にしたい目的といった要素が入ります。これは本来、キャリアを築いていく上でもっとも大切になるもので、ここから具体的な目標へとブレイクダウンしていきます。問題は**目標が決まったとたん、このWILLがどこかにいってしまう**ことです。目標を考えるための道具にWILLが成り下がってしまい、目標を試行錯誤することや、WILL自体を再考して、より深めていくという最重要プロセスが欠落する危険性があります。

問題2　CANの矮小化

CANはできること、得意なことと解釈されます。これも過去の行動から自分が他人よりも自然によい結果が出せたことの分析や、職業経験を積み重ねてきたスキルなどの能力の束から考えていきます。しかし残念ながら、目標喪失時代は専門性の陳腐化の時代でもあります。**重要なのは、「今はできないことにチャレンジしていく」メカニズム**です。キャリアを考える際にCANの要素が入ることで、本当の意味で社会の変化を先取りしたチャレンジを阻害する可能性が上がってしまうのです。

問題3 MUSTの近視眼化

MUSTはやるべきこと、求められていることと解釈され、社会が与えた自分の使命とも捉えられます。しかし多くの場合、近視眼的になり目の前の仕事にとらわれる結果となります。また、逆説的な言い方になりますが、ここで自分の使命まで見えている人は、こうしたフレームに頼らなくてもキャリアが描けるでしょう。結果、キャリアの方向性に悩んでいる人にとっては、会社のためや家族を養うため、自分の生活を潤すためといったMUSTにとらわれすぎて**現状維持志向を助長する要因**となってしまいます。

この3つの問題を帯びた目標はワクワクできないものになりがちです。キャリア研修を受けても前向きなパワーが生まれてこないのは、ワクワクした目標が見つけられないからで、それは目標を考えていく方法論に問題があるからなのです。

目標喪失時代のキャリアデザインはこれらとはまったく異なるものです。次章から、一緒に**ワクワクするキャリアを構想**していきましょう。

理論編

Theory

第1章

限界突破に向けた4つのステップ

1 キャリア理論に惑わされない

序章で代表的なキャリアデザインの方法論が限界を迎えていることを指摘しましたが、環境やニーズによってはもちろん活用も可能です。**大事なのは、合わないものに流されない姿勢**です。そのためにはキャリア理論の大きな流れと問題点を押さえておく必要があります。『キャリアコンサルティング　理論と実践　4訂版』（木村周）なども参考に大づかみに説明していきましょう（図表1－1）。

キャリア理論は、職業選択理論からスタートしたといわれます。1909年に、職業指導の父と称されるフランク・パーソンズが著した『職業の選択』が代表的書籍です。仕事に求められる能力、特性と個人の持っている能力、特性をマッチングさせるという考え方で、ペグの理論、ねじ穴の理論という言葉をご存じの方も多いでしょう。

この考え方はいわゆる適職診断や、各職務に求められる能力を見える化し社内のマッチ

[図表1-1] キャリア理論の大きな分類

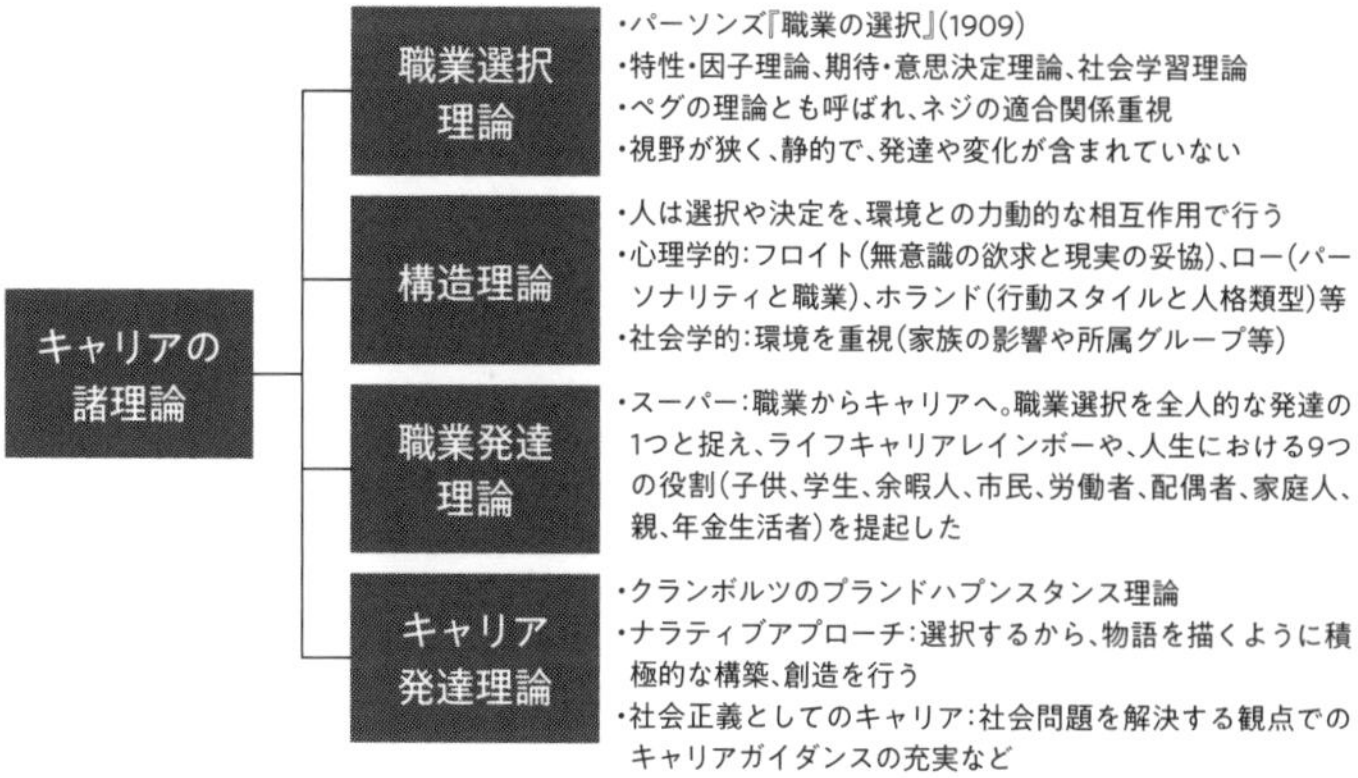
キャリアの諸理論
職業選択理論
・パーソンズ『職業の選択』(1909)
・特性・因子理論、期待・意思決定理論、社会学習理論
・ペグの理論とも呼ばれ、ネジの適合関係重視
・視野が狭く、静的で、発達や変化が含まれていない
構造理論
・人は選択や決定を、環境との力動的な相互作用で行う
・心理学的：フロイト(無意識の欲求と現実の妥協)、ロー(パーソナリティと職業)、ホランド(行動スタイルと人格類型)等
・社会学的：環境を重視(家族の影響や所属グループ等)
職業発達理論
・スーパー：職業からキャリアへ。職業選択を全人的な発達の1つと捉え、ライフキャリアレインボーや、人生における9つの役割(子供、学生、余暇人、市民、労働者、配偶者、家庭人、親、年金生活者)を提起した
キャリア発達理論
・クランボルツのプランドハプンスタンス理論
・ナラティブアプローチ：選択するから、物語を描くように積極的な構築、創造を行う
・社会正義としてのキャリア：社会問題を解決する観点でのキャリアガイダンスの充実など

木村周(2016)『キャリアコンサルティング　理論と実践　4訂版』(一般社団法人雇用問題研究会)を参考に筆者作成

ングをはかるといった発想となって、人材配置や就職、転職市場で現在でも多く用いられています。

しかし、キャリア理論的にこの考え方は、視野が狭く、静的で、発達や変化を考慮していないという課題が指摘されています。もし**適職診断でやってみたい仕事が向いていないと評価されても信じすぎない**でください。このような考え方では、人間の発達という概念と社会の変化というダイナミズムが考慮されていない。この点を理解しておけば、ツールに流されないで生きていくことができます。

1960年代中盤になり登場したのが構造理論です。これは職業選択やキャリア形成は、「個人と環境の相互作用」という構造によって決まるという考え方で、個人の側を重視する理論を心理学的構造理論、環境の側を重視する理論を社会学的構造理論といいます。

心理学的なアプローチは心理分析や幼少時代の親の養育態度から適職を分析、社会学的なアプローチは家族環境や学校、コミュニティ、文化などの影響から適職を分析する考え方です。これらも基本的には過去の人生、経緯を重視するアプローチで、一定の意味は持ちますが、あくまで過去を中心に組み立てられており、**未来に向けた発達や環境変化への考察が不足**しているものです。

心理分析のようなツールを用いて適職のアドバイスをされた場合、鵜呑みにせず、半分は信じる、これからの自分の変化は考慮されていない点で半分は信じない姿勢で捉えることが大切です。

個人の発達や社会変化を取り入れて進化

1960年代に入り、過去の分析を中心とした職業選択理論が大きく前進します。「個人と職業のマッチング」という職業選択理論が、「選択し、発達する個人の支援」というキャリア理論へと飛躍を遂げるのです。

この代表的な理論家は、コロンビア大学名誉教授のドナルド・E・スーパーです。スーパー教授は人生を何らかの意味で発達的な要素を含む役割の移動と定義。キャリアカウンセリングのミッションは就労指導ではないとし、自己実現や人間的成長に価値を置き、あるべきキャリア選択を支援することとなっていきます（しかし、現実のキャリアカウンセリングの多くは転職や求職時にされるので、就労指導的になってしまいがちですし、そのような視点に偏っているカウンセラーがたくさんいるのも現実です）。

スーパー教授により職業の選択という狭い視野から、**人生全体をどう充実させていくかという視野の広がりと、人間的な発達や変化という概念**が取り込まれましたが、次に課題になるのが社会の変化です。たとえばスーパー教授は65歳以上を発達段階で下降段階と定義しています。しかし**65歳を下降と捉えると、人生100年を充実させることができなくなってしまいます。**

人生100年時代とは、世代（年齢）と社会的な役割との関係が複雑、多様となる時代です。従来の物差し、ガイドのようなものが使えなくなり、自分たちが見てきた前世代の人生設計とは大きく異なるものを自ら生み出さないといけない状況になっているのです。

そのような課題を踏まえて1990年代以降登場してきたのが、キャリア発達理論です。キャリア発達理論の代表的なものが、スタンフォード大学のジョン・D・クランボルツ教授が提唱するプランド・ハプンスタンス（Planned Happenstance）理論で、計画的偶発性理論ともいわれます。クランボルツ教授はさまざまな人のキャリアの節目となるような出来事を調べていき、それらの多くが綿密に計画された取り組みではなく、たまたま起こった偶然の出来事であることを発見しました。そこで、キャリアを綿密に計画することも大切だが、**よりよい偶然に遭遇する機会を増やし、それをキャリア形成にうまく取り込むことが重要**だと主張しています。日本ではとても人気のある理論です。

当初は個人の発達や社会、仕事の変化を考慮していなかった職業選択的考えが、徐々に個人の発達や偶発性も含めた変化を取り入れようとしてきたのがキャリア理論の展開です。偶発性の理論は、目標喪失時代のキャリアデザインの参考になる部分があるもので、次の節でもう少し深めていきます。

2 「偶発性」だけではもはや不十分

クランボルツ教授が提唱したプランド・ハプンスタンス理論は、人生は偶然の出来事に大きく影響を受けるので、偶然の出来事に対して開かれた態度で接し、積極的に行動を起こしていくことの重要性を説いたものです。

たとえば営業一筋でキャリアをつくっていこうと考えていた人が、突然、経理部への異動を命じられたとします。経理は自分の専門性につながらないと決めつけて、辞令を拒絶するなり、会社を辞めるという選択も可能です。一方、この偶然の異動辞令に好奇心を持って挑戦することもできます。実は経理が天職だった可能性もありますし、元の部署に戻ったら、経理の経験を活かして数字に強い営業パーソンとして進化していたということが起こるかもしれません。もちろんまったく相性の悪い仕事で、すぐに営業に戻されるかもしれませんが、別に元に戻っただけなので気にすることはないと思えるかもしれません。

つまり、キャリアにいい影響を与える偶然の出来事は、決して偶然ではなく、積極的な行動の結果ということです。

クランボルツ教授は、幸運を引き寄せる行動として、**「好奇心を持った行動」「粘り強い行動」「柔軟な行動」「楽観的な行動」「リスクを取る行動」**の5つを挙げています。キャリアや自分の専門性、専門分野を狭く考えすぎず、偶然の出来事に対しオープンマインドで好奇心を持って人生に取り込んでいくことが大切ですよ、と説いているのです。

棚を増やすこと、軸を持つこと

とても興味深い理論ですが、残念ながら、想定外の変化が次々に起こる現代では、偶然の出来事を待って積極的に取り込むだけでは不十分です。自分から偶然をつくる、もしくは偶然に出会う確率を上げることが求められます。平易なたとえをすれば、「棚からぼた餅」的な偶然によって人生が左右されるのであれば、落ちてくるぼた餅をしっかり受け取ることだけでなく、**ぼた餅が落ちてくる棚の数を積極的に増やしていく**ということです。

しかし、実際は、棚を増やすだけでは足りません。あまりにたくさんの棚があると、どこで待てばいいのかわからなくなってしまいます。**待つ場所を決める、自分なりの軸が必**

要になるのです。

この棚を増やしていく行動を本書では「体質改善」と呼びます。積極的に幸運をもたらす偶然をつくりに行く行動です。そして軸のことを「キャリアの目的（パーパス）」と呼びます。偶然を活かしてキャリアを広げていくが、軸、要となるスタンスをきちんと決めておくということです。

ある意味、目標喪失も偶然の出来事でしょう。本書を通じて私たちが皆さんと一緒につくっていきたいのは、**目標喪失を不幸な出来事ではなく、チャンスと信じ、自分の限界を突破していくという明るい未来**です。

目標喪失をポジティブに受け止める

江戸時代末期に武士の家に生まれ、立派な武士になることが必然の目標だったとしましょう。しかし明治維新を迎え、立派な武士になるという目標がなくなったときに、なるべきものを失ってしまったと思うか、何にでもなれるチャンスを得たと思うかは考え方次第です。そしてそこに新たな目標をつくっていく方法論が確立していれば、より目標喪失をポジティブに受け入れるはずです。

目標が目の前から消えるという意味では、**達成されたことで目標喪失する場合**もあります。以前、著名なオリンピック選手の講演を聞く機会がありました。その方は人生のモチベーションの高低を示す折れ線グラフを使って自身の人生について話されていました。その方の**モチベーションがどん底に落ちた節目は、なんと念願のオリンピック出場を決めたときだった**のです。オリンピック出場を夢見て、幼少期から人生のすべてをかけて競技人生を歩んできた方です。目標を達成してモチベーションが最高になったのではなく、心を襲ったのは強い目標喪失感だった。私には驚きの事実でした。

目標が消えても目標を達成しても喪失感に苦しむのであれば、誰もが目標を喪失するのは必然です。であれば、それをうまく利用する力はとても重要ですし、すべての人に必要な力といえます。ましてやビジネス、仕事の世界ではＡＩ（人工知能）に雇用が奪われるビッグバン的な変化が起きています。

人間の仕事がＡＩを代表とする機械に代替される時代。どんどん仕事がなくなっていく未来は、一方で新たな仕事が生まれていく時代になるはずです。そんな時代を楽しんで、ワクワクして生きていくには自分の中でぶれない軸としてのキャリアの目的を明確に持ちながら、可能性をどんどん広げていく体質に、自分を変えていく必要があります。

「大変な時代が来るな」と感じる人も多いかもしれませんが、実践することはとてもシンプルで、一つひとつは難しいことではありません。誰でもできることですが、意外と多くの人がやっていないことです。

「できること」で「やっていないこと」を積み上げていくことが私たちの人生を大きく変えていきます。具体的には第2章から考えていきますが、まずは限界突破の4つのステップの全体像を次節で整理しておきましょう。

3 限界突破の4つのステップ

限界突破のステップは次の4つで構成されています。

［ステップ1］キャリアの目的（パーパス）を育てる
［ステップ2］体質改善に取り組む
［ステップ3］目標をたくさんつくる
［ステップ4］キャリアを楽しく実験する

4つのステップの詳細な説明や具体的なワーク、方法論、注意点などは第2章以降で解説していきます。ここでは各ステップのポイントと**一般的なキャリアデザインの方法論との違い**にフォーカスして説明しましょう。

[図表1-2] 限界突破の4つのステップ

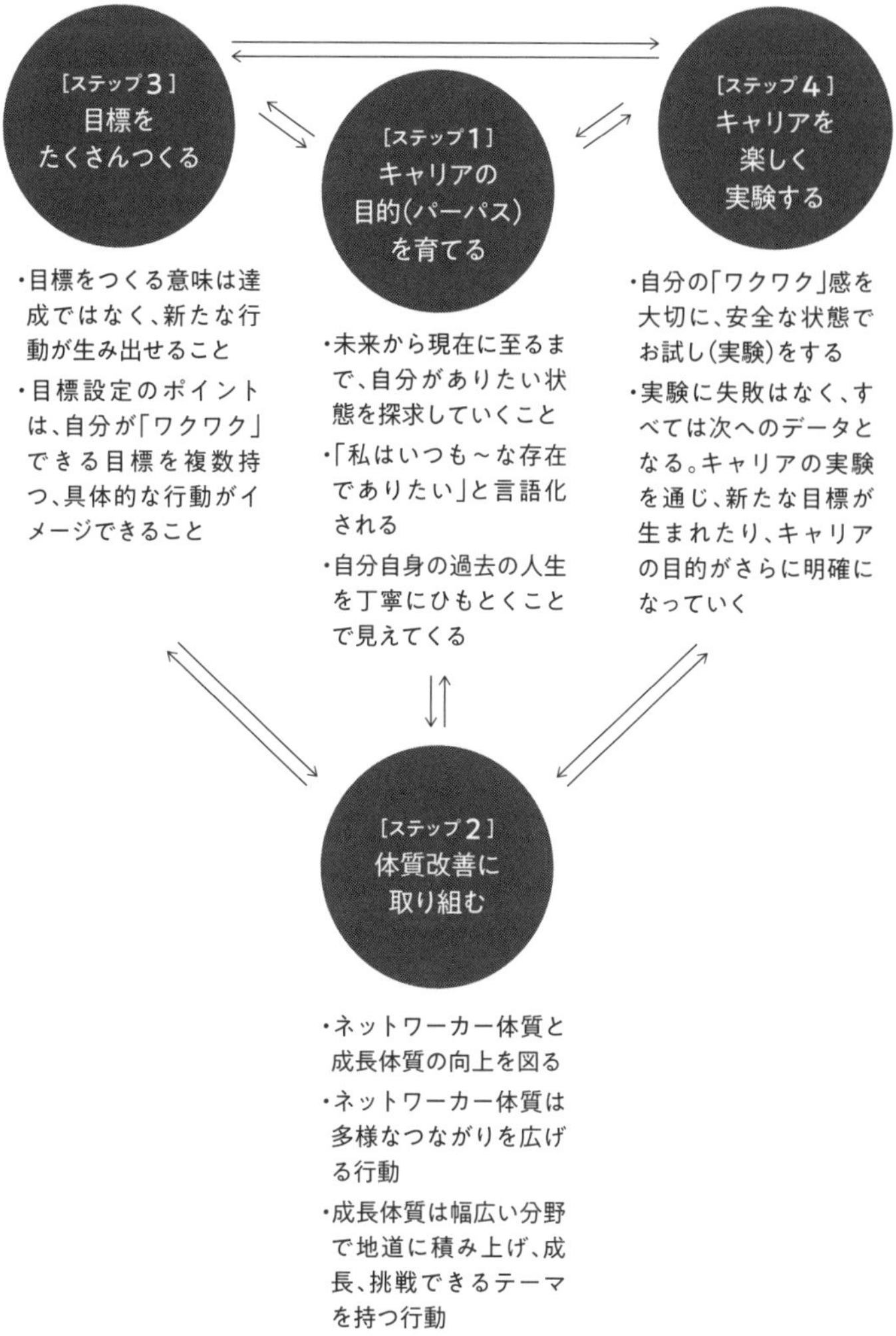
[ステップ3]
目標を
たくさんつくる
・目標をつくる意味は達成ではなく、新たな行動が生み出せること
・目標設定のポイントは、自分が「ワクワク」できる目標を複数持つ、具体的な行動がイメージできること
[ステップ1]
キャリアの
目的(パーパス)
を育てる
・未来から現在に至るまで、自分がありたい状態を探求していくこと
・「私はいつも～な存在でありたい」と言語化される
・自分自身の過去の人生を丁寧にひもとくことで見えてくる
[ステップ4]
キャリアを
楽しく
実験する
・自分の「ワクワク」感を大切に、安全な状態でお試し(実験)をする
・実験に失敗はなく、すべては次へのデータとなる。キャリアの実験を通じ、新たな目標が生まれたり、キャリアの目的がさらに明確になっていく
[ステップ2]
体質改善に
取り組む
・ネットワーカー体質と成長体質の向上を図る
・ネットワーカー体質は多様なつながりを広げる行動
・成長体質は幅広い分野で地道に積み上げ、成長、挑戦できるテーマを持つ行動

［ステップ1］キャリアの目的（パーパス）を育てる

最初のステップは「キャリアの目的（パーパス）を育てる」です。ここで、**目的を決めるのではなく、育てるという言葉を使っていることがポイント**です。

キャリアの**「目標」は通常、「私は〜になりたい」「私は〜になるぞ」**といった表現で表されます。英語で表現すると「becoming」で、現在はAという状態ではなく、今後の努力を通じてAになっていくぞという構図です。これに対して**「目的」は、「私はいつも〜でありたい」「私は〜な存在でありたい」**といった表現で表されます。英語で表現すると「being」で、現在Bという状態で、未来もBという状態であり続けたいという構図です。

説明は第2章に譲りますが、目標喪失時代のキャリアデザインでは、キャリアの目的を大切にしながら、目標をたくさん展開することにチャレンジしていきます。

一度決めたら決してブレないようにするのではなく、どんどん変えていく。その過程で目的が育ってきていると信じる。最終的に、いろいろな経験を通じて、自分らしいキャリアの目的が完成する。そのためにここで「目的を育てる」という言い方をしています。

［ステップ2］体質改善に取り組む

2つ目のステップは「体質改善に取り組む」で、ここで改善するのが**「ネットワーカー体質」**と**「成長体質」**という2つの体質です。

ネットワーカー体質とは、つながりをどんどん広げていくというものです。具体的には、毎月、毎週、毎日、**新しい人、出会いたい人に出会っていくという行動パターンを自分に定着**させていくことをいいます。成長体質とは、何か新しいことに取り組み続けることや、**自分が初心者、入門者の立ち位置になれる場を持ち続ける**というものです。何かを自分で読んだり、工夫したり、努力しながら上手になっていくサイクルを人生に埋め込みます。もちろん仕事と関係ないことでもOKです。私は仕事のスキルにつながること、スポーツ、芸術の3つの成長領域を持つことでバランスがよくなると考えています。

長期のキャリア開発には、**偶発性の確率が高まっていく行動**を自然に積み上げていけるように、日常の行動レベルを刷新する「体質改善」が重要になるのです。

［ステップ3］目標をたくさんつくる

3つ目は「目標をたくさんつくる」ステップです。目標は1つに絞り込んだほうが集中できるし、達成に向けての効率性も高まる。あれもこれもと目移りしていては何ひとつ実現できないじゃないか。そう思う方も多いでしょう。実は、ここでいう目標は、一般的なキャリアデザインにおける目標とは少し異なるものになります。ある意味、**目標のたまご**のようなものです。

ここまでのステップを振り返ってみると、「ステップ1」でキャリアの軸になる「目的を考える」ことをしました。それを自分の戻るべきゼロ地点として、「ステップ2」で「体質改善に取り組み」、自分のネットワークやつながる世界を増やしていきます。「ステップ3」では、**ちょっとやってみようという目標、テーマをたくさんつくっていく**のです。

そして、それらの目標に挑戦しようと大上段に構えるのではなく、まずは実験、お試しという感覚でクイックに実践してみる、それが次のステップ「キャリアを楽しく実験する」につながります。

［ステップ4］キャリアを楽しく実験する

このステップは、決めた目標のお試しを少し実践してみる段階です。まさに実験で、ワクワク感をベースにさまざまな実験を通じて可能性を広げていき、自分にとってその目標に意味があるかどうかを判断するステップとなります。**できるまで頑張る必要はありませんし、どんな結果でも失敗はありません。**失敗しても大丈夫な方法を考えて実験する必要があります。

実験が終わるともちろん、そのテーマが自分に合う・合わないという結果が出てきます。そこでキャリアの目的に修正がかかったり、新たな体質改善法が見つかったりすることもあります。

こうしたことを繰り返しながら、「自分のライフテーマ」だと思えるものが見つかり、1つの大きな目標が見つかったとします。この場合の目標と、たくさんつくる目標をもし分けるとすれば、たくさんつくる［ステップ3］の目標は「目標（たまご）」で、自分のライフテーマに育った目標は「目標（にわとり）」となります。

ただ通常であれば、目標（にわとり）が見つかれば、目標（たまご）の探索は終了しそうですが、目標喪失時代のキャリアデザインでは、適切な実験を繰り返しながら、新たな自分の目標（たまご）を育てると共に、キャリアの目的（パーパス）を育んでいくことも続けていくことになります。

体質改善、広げ続ける行為をやめないことが今までのキャリアデザインとは大きく異なる点です。

トレーニング編

Training

第2章

キャリアの目的（パーパス）を育てる

1

「目的」と「目標」はどう違うのか

いよいよ本章からキャリアの限界突破に向けたトレーニング編です。キャリアデザインにあたっては、まず自分をさまざまな角度から見直していくことになりますが、ここで多くの方が陥りがちな思考のワナがあります。

それは、自分を見直した結果、「何を変えていけばいいのか」と考えてしまうことです。現状を反省し、「何が悪かったのか」「どうすればいいのか」と考えてしまいがちなのです。

しかしこのパターンが適用できるのは、受験勉強や部活の試合など短期的に到達したい目標が明確で、そこに向かう方法論もある程度明確なときだけです。キャリアを考える入り口では、まったく別のアプローチが必要になってきます。

キャリアデザインにおいて最初にすることは、自分を見直し「何を変えないか」「何を大切にするか」を考えること。これはすなわち、自分の「キャリアの目的（パーパス）」について考えるということになります。

いきなり「キャリアの目的」といわれると重たく感じる方がいるでしょう。それがわかればキャリアデザインなんていらないじゃないかと思う方もいるかもしれません。

ただ、ここで行うのは、「目的を明確に決めること」ではなく、「目的について考える、育てること」です。何か結論を出して明確化、具体化しようとするのではなく、**なるべく曖昧で抽象的に考える**ことがポイントになります。

目標喪失時代では、**目標を失っても次々に再生していく土台**が必要です。その土台となるのが、自分のキャリアの目的なのです。

目的は柔軟、目標は固定的

「目的」(パーパス)とは何か。それを明確にするために、似た言葉でもあり、キャリアデザインでもよく使う「目標」(ゴール/オブジェクティブ)と比較して整理してみましょう。ここでは、イノベーションやデザイン経営の第一人者である多摩大学大学院の紺野登教授と目的工学研究所の著作『利益や売上げばかり考える人は、なぜ失敗してしまうのか』を参考にさせていただきます。

[図表2-1] **目的と目標は別物**

目的 Purpose	目標 Goal / Objective
意義や価値観など「主観的要素」からつむぎ出される	対象や数値など「客観的要素」から設定される
柔軟、定性的	固定的、定量的
効果(effectiveness)、影響の大きさ、アウトカム(質的成果)などが問われる	効率(efficiency)、達成度、アウトプット(量的成果)などが問われる
試行錯誤が奨励あるいは要求される	未達や失敗は評価されない、むしろマイナス評価の対象

出典:紺野登+目的工学研究所(2013年)『利益や売上げばかり考える人は、なぜ失敗してしまうのか』(ダイヤモンド社)

図表2－1は同書に掲載のものです。紺野教授はよりインパクトのあるイノベーションを実現するには、目的の設定が重要であると説いています。

目的が主観的で、柔軟で、影響の大きさが問われ、試行錯誤されていくものであるのに対し、目標は客観的で、固定的、達成度が問われ、失敗はマイナスの評価対象になります。

そして目的は3層構造になっており、大目的、中目的、小目的から構成されます(図表2－2)。大目的は経営思想家として有名なピーター・ドラッカーが提唱した企業の大目的から、「社会的な目的を実現し、社会、コミュニティ、個人のニーズを満た

[図表2-2] 大目的と小目的

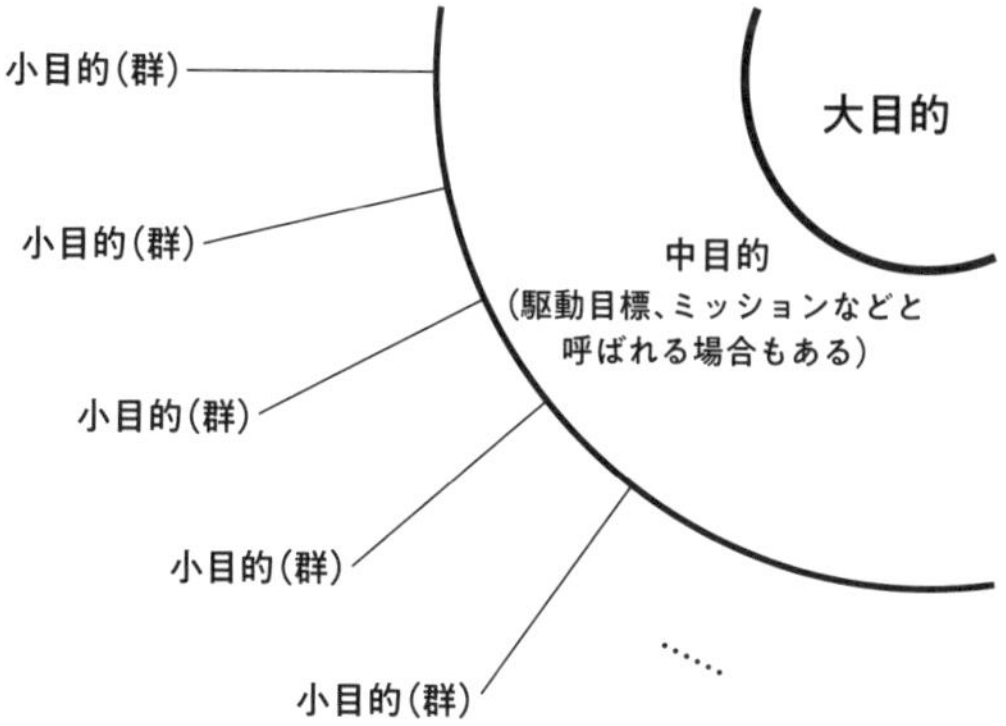

出典：紺野登＋目的工学研究所（2013年）『利益や売上げばかり考える人は、なぜ失敗してしまうのか』（ダイヤモンド社）

す」ものと定義され、これに対し小目的は、「共通価値を追求して、社会と共存共栄する」ものと定義されています。そしてその間に中目的が存在する場合もあり、それらは駆動目標、ミッションと呼ばれることもあります。

目的に戻ることで世界が広がる

この論は企業経営を前提にしてつくられたものですが、事業のイノベーション、革新に目的が重要なのと同様、**キャリアのイノベーションにおいても、目的から議論を始める必要**があります。キャリアにおいて、目標は達成できないことがありますが、目的は達成、未達という言葉が当てはまるものではなく、試行錯誤して変化していく、育てていくものとなります。先の図表2－1の3段目のように、目的はプロセス重視（プロセスがキャリア）、目標は結果重視（キャリアは結果）と私は捉えています。

前章で通常、キャリアの「目標」は「私は～になりたい」＝「現在はAという状態ではなく、今後の努力を通じてAになっていく（becoming）」構図と説明しました。これに対して、「目的」は「私はいつも～でありたい」＝「現在Bという状態で、未来もBという状態であり続けたい（being）」という構図です。

たとえば、将来医師を目指す高校生がいるとしましょう。医師を目指すキャリアの目的が、「他者の苦しみ、ピンチを助けられる存在でありたい」だとすれば、医師ではない高校生は現状でも、クラスの仲間が困っているときに寄り添ってあげたり、具体的に手助けしてあげたりすることができます。この高校生は、**今も未来も「他者の苦しみ、ピンチを助けられる人」であり続けたいという軸を持つことができる**のです。

一方、「医師になりたい」という目標レベルの認識で止まっていたら、医学部に合格しなかったときに目標、夢を失うことになります。でも、目的が「他者の苦しみ、ピンチを助けられる存在」と定まっていれば、カウンセラー、教師、警察官といった形でキャリア

［図表2-3］**目的の視点**

目的	視点	例
大目的	社会的な目的を実現し、社会、コミュニティ、個人のニーズを満たす	他者の苦しみ、ピンチを助けられる存在でありたい
中目的	大目的のテーマを絞り込んだもの	人生における病気という苦しみから、他者を助ける存在でありたい
小目的	社会にも、自分にも価値をもたらす共通価値を追求して、社会と共存共栄する	医師として、病気で苦しむ人を助けられる存在でありたい

※中目的は駆動目標とも表現する。大目的が漠然としていて、何から行動してよいかわからない場合に、何を動かしていけばいいか明確にするもの。小目的には個人のニーズが入ってくる

の目的を実現することができるでしょう（図表２－３）。

最終的には同じ結論になるかもしれませんが、目的に戻ることで目指す姿が広がり、自分をポジティブに変えてくれます。

紺野教授の論をキャリアという文脈で整理していくと、キャリアにおける大目的は「社会、コミュニティのニーズに貢献すること」で、小目的は「社会のニーズに貢献することと、個人的なニーズを満たすことの両方が重なる領域を見つけ実現すること」となるでしょう。目的を考える際は、自分だけでなく、社会、コミュニティ、周囲からスタート（大目的）し、自分のニーズを重ねる（小目的）ことで、柔軟性やし

なやかさを持ち、力強いキャリアを進むことができるのです。

社会とつながる生き方が幸福度を上げる

「目的」だけでも重たかったのに、社会のニーズとか社会的な目的という言葉が出てきてさらに重たく感じた方がいるかもしれません。そんなことより楽しく生きたい、自分がハッピーだったらそれで十分と思われるかもしれません。

でも、冷静に考えてみてください。私たちを取り巻くコミュニティや社会がボロボロなのに、自分だけが幸せになれるでしょうか。

幸せ研究、幸福学で著名な慶應義塾大学の前野隆司教授によれば、**主観的幸福度をもたらす因子は4つ**あるそうです。1つ目は、自己実現と成長にかかわる**「やってみよう」**の因子。2つ目は楽観性にかかわる**「なんとかなる」**の因子。3つ目は、独立とマイペースにかかわる**「あなたらしく」**の因子。そして最後がつながりと感謝にかかわる**「ありがとう」**の因子です。

ちなみに、ここでのつながりは「量」ではなく「多様性」が重要になります。量的なつながり、つまり友人の人数には幸福度を上げる効果は少なく、**多様な友人関係、つながりがある人ほど主観的幸福度が高い**ということです。社会やコミュニティに開かれた生き方、つながった生き方ができることそれ自体が人生の幸福度を高めるという指摘です。

ここでピンとこない人もまずは自分自身の大目的、小目的を描いてみましょう。そこから見えてくるものがきっとあります。

2 「キャリア」とは職業ではなく、どんな自分でありたいか

皆さんの子供の頃の夢は何でしたか。サッカー選手？　科学者？　ガンダムのパイロット？

小学校の卒業文集を見たところ、私は「お殿様」と書いていました。お恥ずかしい限りですが、実家が事業をやっていたこともあり、社長みたいなことをしたいとぼんやり思っていた記憶があります。それがどこで「お殿様」に変換されたかは謎ですが……。

ちなみに共著者である北村の夢は「スポーツ選手」、阿由葉の夢は「コメディアン」だったそうです。北村は小学校時代にロサンゼルス・オリンピックが開催されて、陸上のカール・ルイス選手や柔道の山下泰裕さんのキラキラと輝く姿に憧れたから。阿由葉は学校で友達を笑わせたくて、テレビで活躍していたコメディアンをよくマネして憧れていたからだそうです。

子供の頃に抱いた夢を叶えることが人生の成功と定義すれば、私たちの人生は大失敗と

なりますが、3人とも充実した人生を送れていると自信を持って断言できます。少なくとも**私たちが子供の頃は人生の夢を職業として捉えていたので、多くの場合は達成できない結果に至ってしまう**のです。

目的志向の夢が当たり前の社会に

では、現代の子供たちは将来の夢をどう捉えているのでしょうか。

漫画家やパティシエ、はたまたユーチューバーなどと職業を夢として考える子供も依然多いのですが、一方で**社会課題から実現したい未来を描く、目的志向の夢を持つ子供**も出てきています。最近はSDGsを授業に取り入れている小学校も多く、高学年になると、こうした傾向はより顕著になるようです。

文部科学省が示している、学習指導要領解説の中でも、「人としてよりよく生きる上で大切なものとは何か、自分はどのように生きるべきかなどについて（中略）考えを深め、自らの生き方を育んでいくこと」などの重要性が指摘されています。今の子供たちは、社会や世界とつながって生きていくことを当たり前の価値観とし、よりよい人生を送るために自分はどうしていくのかを考え始めているのです。

私たちの同僚のコンサルタントに、全国の小学校を回って子供たちの将来の夢、ビジョン、目標を立てるワークショップのお手伝いをしている人間がいます。目的志向の夢を語る子供が増えていることを、彼も実感として感じるそうです。子供たちとの授業を通じて彼が一番大切にしているのは、「ありのままの自分を見つめさせてあげる」ということ。夢や将来を仕事や職業だけで捉えるのではなく、「自分らしさとは何か」「自分にとっての幸せとは何か」を考えることが大切だといいます。

仕事の先にある、どんな自分であり続けたいのかということを真剣に子供たちが考え始めている時代です。このような子供たちの変化から、私たち大人は何を学べるのでしょうか。

10年後、こうした価値観を当たり前とする20代が企業社会でもマジョリティに変わったとき、**キャリアという言葉の持つ意味も大きく変わっている**はずです。

彼らを受け入れる私たち大人もまた目的志向へと大きく変わっていかなければならないのです。

3 「キャリアの目的を考える」ワーク

それでは、ここから「キャリアの目的を考える」ワークを始めていきましょう。ワークを始めるにあたって、まず押さえていただきたいことがあります。それは、**「キャリアの目的を見つけようとしない」**ことです。

少々矛盾した言い方になりますが、私がお伝えしたいのは、「これだ」と思うキャリアの目的がすぐに見つかるとは限らないということです。見つけることにこだわりすぎると、それが見つかるまでは動けなくなり、時間だけが過ぎていくことになります。

皆さんのこれまでの経験の中でも、やってみたら意外と面白かったということがきっとあるでしょう。だからここでは、**行動を起こすなんとなくの方向感**が見えることが大事です。これが、キャリアの目的の**「種」**になります。

そして行動を変えてみながら、この種を育てていくのです。育ててみると、どうもこれは違うぞと思うこともあります。何か違うと思ったら、「何がしっくりこないのだろう」

「そうだとしたら自分が大切にしていることは何だろう」と考えてみてください。これは、自分に対する新たな発見が生まれる大切なプロセスで、「自分のキャリアの目的は何だろう」と机の前に座って考えているだけでは、気づけなかったことです。

さまざまな角度から自分を見直す

ここから実際のワークに入ります。さまざまな角度から自分に質問をしてみて、楽しみながら自分を深く知っていきましょう。自分にはどんな特徴があって、どんなことを考えているのかを知ることが、キャリアの目的の種を見つけることにつながっていくのです。

1 次の質問から気になったものを3~5つ選んで、答えてみましょう。質問に答えることで自分が見えてきます。

［日常から考える］

①あなたがずっと好きでいるものは何ですか?

②あなたのお気に入りの習慣・癖・パターンは何ですか？
③これまでの習慣・癖・パターンを１つやめるとしたら何ですか？
④気になるニュースやTV番組などを５つ挙げてください。その共通点は何ですか？
⑤どんな独り言を言っていますか？（声に出していなくてもOK）
⑥あなたは、どのようにして自分の時間を確保していますか？
⑦あなたがこの10年で手に入れた／購入したものやサービスで、あなたにとってもっとも価値があると思うものやサービスは何ですか？

［感情から考える］
⑧あなたが一番感謝している人、感謝していることは何ですか？
⑨どうしても好きになれないもの、理解できないものは何ですか？
⑩最近３年間にやったことで、気乗りしなかったものは何ですか？
⑪最近３年間で、面白そうと思ったものを３つ挙げてください。面白いと感じる共通点は何ですか？
⑫あなたがやり始めたら止まらないことは何ですか？

⑬あなたがこれまでの人生でしてきた選択で、一番インパクトのあるものは何ですか？
⑭これまででもっとも充実していると感じた時間は、どんな時間でしたか？　他の時間と何が違いますか？

［夢から考える］

⑮もし、誰にでも会えるとしたら、誰に会いたいですか？
⑯「お金をもらえばやること」「無償でもやること」「お金を払ってでもやりたいこと」のうち「お金を払ってでもやりたいこと」は何ですか？
⑰あなたがこれからの人生を豊かにするために、１つだけ何でも手に入れられるとしたら、何にしますか？
⑱あなたがやり始めたことによって、３年後にある人たちから感謝されました。あなたは何を始めたのでしょうか？
⑲タイムマシンで、すごく充実している10年後のあなたに会ってきました。あなたは何をしていたのでしょうか？
⑳宝くじが当たり10億円を手にしました。経済的な制約から解放されたあなたは何を

したいですか?

㉑5000万人いるあなたのSNSフォロワーに、あなたのひと言で大きな影響を与えられるとしたら、何を伝えますか?

【違う視点から考える】

㉒タイムマシンで、過去のある時点から人生をやり直すことができるとしたら、いつに戻りますか? それはなぜですか?

㉓仲のよい友人から「あなたは◯◯な人だ」と言われました。なんと言われたのでしょうか?

㉔苦手な人から「あなたは◯◯な人だ」と言われました。なんと言われたのでしょうか?

㉕親から言われそうなことで、耳をふさぎたくなる言葉は何ですか?

㉖「あと1年」と余命宣告されました。あなたは何をしますか? 何をやめますか?

㉗死ぬ間際の枕元に立ちました。自分が自分に話しかけています。なんと言っていますか?

㉘あなたは次の世代に何を残したいですか?

あるカテゴリーに集中して答えても構いません。答えられたでしょうか。
では、次のワークに移りましょう。

2 答えた内容について、「なぜ、この質問を選んだのだろう?」「なぜ、その答えが出てきたんだろう?」「そう答えた自分の特徴は何だろう?」「何を期待しているのだろう?」といった切り口で深掘りしながら、あなたが大切だと思うキーワード、キーフレーズを考えてみてください。

1 のワークができた方は、質問への回答を見ながら、自分を整理してみてください。
一方で、気になる質問は選んだけれど、なかなか答えられなかった方もいると思います。そんな方は、「この質問に答えられない自分はどんな自分なんだろう」と考えてみるといいでしょう。**何かの感情に蓋をしている、周囲の目を気にしているなど、思わぬ自分が見つかる**かもしれません。

その上で、次のワークを進めてみてください。

3 キーワード、キーフレーズから見えてくる自分を表現してみるために、以下の（　）内に入る言葉を考えてみてください。すべてを埋める必要はありません。また、以下の文章以外にも、自分で表現してみるのもいいでしょう。

・私は（　　　　　　　　　　）することがうれしい人間です。
・私は（　　　　　　　　　　）ということに怒り、義憤を感じる人間です。
・私は周囲と（　　　　　　　）という関係をつくりたい人間です。
・私は私がかかわるコミュニティ（職場や地域、趣味の集まりなど、仲間が集まる場）が（　　　　　　　）という状態にあることがうれしいです。
・私は社会が（　　　　　　　）という状態にあることがうれしいです。

最後にキャリアの目的の種を考えてみます。

4 社会、コミュニティ、周囲、自分が笑顔になり、調和がとれた状態になっていくために自分の存在はどうありたいですか。以下の文章でまとめてみましょう。

私のキャリアの目的は、　　　　する存在であることです。

4 のワークでのポイントは2つあります。

1つ目は、**目標ではなく目的**だということです。言い換えると、キャリアを歩む上での指針となるもの。迷ったときに、この指針に立ち戻ることで、選択の判断を助けてくれるものとなります。ちなみに、私のキャリアの目的は、「人の変化のきっかけとなる存在であること」です。かつては人事のマネジャーをしていて、人材育成にかかわる仕事もしていたので、ある部分ではキャリアの目的に沿った働き方、生き方ができていました。しかし、その会社ではいずれ異動となることが見えており、悩んだ結果、キャリアの目的に照らして考え、転職を決意したのです。

2つ目は、**あくまでも「種」でいい**ということです。これが自分のキャリアの目的だ、と自信を持って言い切れるものが見つかる人は、少ないものです。そもそもキャリアの目的に正解はありませんし、どんな人でも完成形はなく、少しずつ変わっていくものです。

ばっちりではないがしっくりくるな、というものをまずは置いてみましょう。言語化すると、自然と意識が向かうので、それを軸に行動を変えてみることです。こうしたことが、種を育てるということであり、キャリアの目的を進化させていくことになります。

「キャリアの目的」は自分が笑顔になれる言葉

キャリアの目的を見つけることが難しいという声もよく聞きます。

特に多いのが、揺るぎない目的を見つけようとして、**自分の中にある多様な自分との折り合いがつかない**というケースです。たとえば、社会の不平等を改善したいという目的を持って子供の貧困を支援するNPOで働いている人が、自分は金銭的に恵まれた家庭に育ち贅沢な暮らしができている、自分のアイデンティティは何だろうと悩んでしまうような場合です。またキャリアの目的といわれると、道徳的に善いことでなければいけないと思い込み、「自分は本当はそんな人間ではない」と悩んでしまうケースもあります。

キャリアの目的は自分がここだけは外したくないというコアの部分です。そこで自分の中にある矛盾にとらわれすぎたり、世間体を気にして道徳的なことだけ書こうとしたりしないでください。「いつも自分が笑顔で生きたい」でも全然構わないのです。

そのキャリアの目的が合っているかどうかを見極めるポイントがあります。それを口にしたときに、**自分の内側から元気な気持ちがわき起こってくるか**どうかです。その言葉を胸ポケットに入れておいたら前向きになれるのであればそれでＯＫです。

さて、「種」は見つかったでしょうか。このワークのおすすめは、誰かと一緒にやってみることです。もちろん1人でもいいのですが、他の人とやるといろいろな見方、考え方を知ることができたり、違う視点からのアドバイスがもらえたりします。ぜひ誰かと**ゲーム感覚で、感じたことを言い合いながら進めてみる**といいでしょう。

なお、実際にこのワークをした方の回答も掲載しておきます。参考にしてみてください（図表2－4）。

[図表2-4-1]「キャリアの目的を考える」ワーク回答例

日常から考える		
1	あなたがずっと好きでいるものは何ですか？	旅行、ひとりの時間、映画、数独
2	あなたのお気に入りの習慣・癖・パターンは何ですか？	週末のひとり時間、計画しない
3	これまでの習慣・癖・パターンを1つやめるとしたら何ですか？	他の仕事が気になり始めて、それをやり出してしまう
4	気になるニュースやTV番組などを5つ挙げてください。その共通点は何ですか？	（共通点）人の生い立ちを知る
5	どんな独り言を言っていますか？（声に出していなくてもOK）	「大丈夫かな」「何とかなる」「ちょっと落ち着こう」
6	あなたは、どのようにして自分の時間を確保していますか？	家族がそれぞれ自分のことをやる時間を統一する
7	あなたがこの10年で手に入れた／購入したものやサービスで、あなたにとってもっとも価値があると思うものやサービスは何ですか？	資格、本、ひとりの海外旅行

感情から考える		
8	あなたが一番感謝している人、感謝していることは何ですか？	前職の先輩。自己投資する価値を教えてくれた
9	どうしても好きになれないもの、理解できないものは何ですか？	ミュージカル、初顔合わせ、自分
10	最近3年間にやったことで、気乗りしなかったものは何ですか？	マンションの理事、業界団体のパーティへの参加
11	最近3年間で、面白そうと思ったものを3つ挙げてください。面白いと感じる共通点は何ですか？	（共通点）少人数でじっくり話す
12	あなたがやり始めたら止まらないことは何ですか？	数独、パワーポイントの資料作成、SNS
13	あなたがこれまでの人生でしてきた選択で、一番インパクトのあるものは何ですか？	転職
14	これまででもっとも充実していると感じた時間は、どんな時間でしたか？他の時間と何が違いますか？	（違い）お互いが受容している感覚

[図表2-4-2]「キャリアの目的を考える」ワーク回答例

夢から考える		
15	もし、誰にでも会えるとしたら、誰に会いたいですか？	受容してくれる人、ドラえもん、坂本龍馬、恩師
16	「お金をもらえばやること」「無償でもやること」「お金を払ってでもやりたいこと」のうち「お金を払ってでもやりたいこと」は何ですか？	お悩み相談を受ける
17	あなたがこれからの人生を豊かにするために、1つだけ何でも手に入れられるとしたら、何にしますか？	自己効力感、サバティカル休暇
18	あなたがやり始めたことによって、3年後にある人たちから感謝されました。あなたは何を始めたのでしょうか？	居場所づくり
19	タイムマシンで、すごく充実している10年後のあなたに会ってきました。あなたは何をしていたのでしょうか？	仲間と語り合っていた
20	宝くじが当たり10億円を手にしました。経済的な制約から解放されたあなたは何をしたいですか？	日本中を旅する、人助け
21	5000万人いるあなたのSNSフォロワーに、あなたのひと言で大きな影響を与えられるとしたら、何を伝えますか？	「鎧を脱ごう」「ゆっくり生きよう」

違う視点から考える		
22	タイムマシンで、過去のある時点から人生をやり直すことができるとしたら、いつに戻りますか？　それはなぜですか？	中学時代／同調していた
23	仲のよい友人から「あなたは○○な人だ」と言われました。なんと言われたのでしょうか？	周囲とバランスを取る人
24	苦手な人から「あなたは○○な人だ」と言われました。なんと言われたのでしょうか？	八方美人な人
25	親から言われそうなことで、耳をふさぎたくなる言葉は何ですか？	「あなたは、いざというときに弱いから」
26	「あと1年」と余命宣告されました。あなたは何をしますか？　何をやめますか？	(すること)いろんな人に会う
27	死ぬ間際の枕元に立ちました。自分が自分に話しかけています。なんと言っていますか？	「難しかったけど、楽しめたね」
28	あなたは次の世代に何を残したいですか？	自分らしくいられる社会

[図表2-4-3]「キャリアの目的を考える」ワーク回答例

1 ①～㉘の質問から気になったものを3~5つ選んで、答えてみましょう。質問に答えることで自分が見えてきます。

2 答えた内容について、「なぜ、この質問を選んだのだろう？」「なぜ、その答えが出てきたんだろう？」「そう答えた自分の特徴は何だろう？」「何を期待しているのだろう？」といった切り口で深掘りしながら、あなたが大切だと思うキーワード、キーフレーズを考えてみてください。

【キーワード、キーフレーズ】

ひとり時間、受容、仲間、居場所、自分らしく、初顔合わせが苦手、語らい、ゆっくり生きよう、少人数、生い立ち、悩み相談、大丈夫かな、いざというときに弱い。

➡悩みを吐露して、それをみんなが受容して、自分を取り戻す（自分らしく）。

相互受容→安心感。

➡自分の自己肯定感の低さの裏返し（受容してほしいという願い）。

3 キーワード、キーフレーズから見えてくる自分を表現してみるために、以下の（　）内に入る言葉を考えてみてください。すべてを埋める必要はありません。また、以下の文章以外にも、自分で表現してみるのもいいでしょう。

□私は（ホッとする場所で誰かと話を）することがうれしい人間です。
□私は（自信のなさを否定する）ということに怒り、義憤を感じる人間です。
□私は周囲と（肩ひじ張らずにゆったりとした時間を過ごせる）という関係をつくりたい人間です。
□私は私がかかわるコミュニティ（職場や地域、趣味の集まりなど、仲間が集まる場）が（悩みが溶けていく、自己受容が進む）という状態にあることがうれしいです。
□私は社会が（平和で、利他的で、心休まる、調和のとれた）という状態にあることがうれしいです。

4 社会、コミュニティ、周囲、自分が笑顔になり、調和がとれた状態になっていくために自分の存在はどうありたいですか 。以下の文章でまとめてみましょう。

「私のキャリアの目的は、
人の心に温もりをもたらす する存在であることです。」

4 しなやかで折れない軸を持つ

目的の大切さや具体的なイメージが持てたでしょうか。繰り返しになりますが、キャリアの目的を考える際には、なるべく曖昧で抽象的に考えることがポイントになります。多くの偉人伝や成功譚にはどんな逆境にもめげず、ぶれない軸で限界突破したお話がたくさんあります。迫力もありますし、実際成功している（と思われる）ので説得力もあります。もちろんそういう形でうまくキャリアが切り拓ける人もいるでしょう。ただ私たちがこれから生きていく時代は、キャリアの前提となる社会が大きく、速く変化する時代になってしまったのです。**こちらがぶれなくても、土台がぶれれば軸はぶれてしまいます。**

免震構造という地震対策の工法があります。建物を固く頑丈につくる耐震ではなく、一定程度揺れることで建物を安全に守る工法です。土台と建物の間に免震装置を取りつけ、地面の揺れが建物にダイレクトに影響しないように緩和する仕組みとなっています。

キャリアにおいても地震のような土台側の揺れがたくさん起きる時代になってしまいま

した。そんな時代には、固すぎる軸を持つとポッキリと折れる可能性があります。また大きく揺れ続ける日々は苦しく、不安なものでしょう。地震の**揺れを受け流せるような、しなやかで柔軟な軸が目標喪失時代には必須**なのです。

楽しく試行錯誤しながら目的を育てる

偉人伝や成功譚に関していえば、あとから振り返って書かれたもので、意図を持って編集されたものに過ぎません。本当に本人が悩んだり不安を感じたりしたプロセスとは異なるものである可能性もあります。

一方、私たちに必要なものは現在進行形で、その軸は未来に向かって役に立つもの、自分の指針となるものでなければいけません。これにあたるのがキャリアの目的です。

これは、不動で、ぶれないものではなく、絶えず考え、試行錯誤しながら育てていくものです。**自分のキャリアの目的が少しずつ変化していく過程**を、まるで樹木が新芽を出し、新しい枝が伸びていくのを見守るように楽しんでいくことが大切です。

case study

5

キャリアの目的が新たな道を拓く。
大手人材サービス企業からベンチャー企業への転職

——岡　健太郎さん（46歳／仮名）

大手企業の部長職から未経験分野のベンチャーへ転職

「チャレンジしたい気持ちはあるけれど、今の安定やポジションを捨ててまでは……」。

こう考えた経験は誰にでもあるのではないでしょうか。

大手人材サービス企業の部長職から43歳という年齢で未経験分野のベンチャー企業へ、組織開発コンサルタントとして転職した岡さんもそのように考えていました。順調にポジションアップし、安定した大手企業を自ら辞める決断をした裏側にはどんな思いや葛藤があったのでしょうか。

「転職後、順調とはいきませんでしたが、今は自信を持って仕事が面白いといえます」と語る岡さんのケースをひもといていきます。

クライアントのひと言でキャリアの目的が拓く

岡さんは営業職として職業キャリアをスタートしました。評価や出世に強いこだわりがあったと自身を振り返っています。実績を順調に積み上げ、30代前半で地方支社のマネジャーに昇格。官公庁や企業の人材ニーズに対して登録スタッフをマッチングし派遣する業務のマネジメント職でした。本社から離れた営業拠点のマネジャーだったこともあり、組織マネジメントの裁量も大きく、自分で差配できる環境には満足感がありました。

この安定したポジションがずっと続けばいい。そう思っていた5年目に転機が訪れます。企業から特定の業務を切り出して請け負うアウトソーシング業務部門の立ち上げ責任者を任されたのです。新部門の立ち上げを任されるのは**栄転、抜擢人事ではあったのですが、岡さんはうれしさよりもプレッシャーを強く感じていました。**利益と効率化を重視する会社の方針により、十分な体制は整わず、それなのに高い目標が設定されていたからです。

新部門立ち上げから6カ月後、本社から、24時間３６５日稼働の受発注業務委託プロジェクトへの対応を指示されました。物流企業からの請負業務でした。岡さんは「今の人員体制では無理だ」ということを強く主張したかったのですが、予算未達成の状態でそれを主張できる空気ではありません。本音を押し殺し、プロジェクトはスタートしました。

本来は20人の体制が必要なプロジェクトで16人の人材しかあてられず、立ち上げメンバーの業務負担は増え続ける一方でした。追い打ちをかけるように退職者も出始め、日を追うごとに状況は悪化。自身の業務が多忙なこともあり、現場はリーダー役に任せていたのですが、さすがにこれはまずいと岡さんは現場に足を運ぶことにしました。「叱咤激励すればまだ何とかなる。そんな甘い気持ちでした」と岡さんは振り返ります。

しかし、**状況は想像以上に深刻なもの**でした。常駐していたリーダー役の男性社員は数日間、会社に寝泊まりしている状態。顔面蒼白で意識朦朧となりながら仕事をしていました。すぐに彼を自宅に帰して休ませなければ。岡さんのそんな思いに反して、現実には彼がいないと仕事が回らないという状況です。悩んだ末、岡さんは、プロジェクト委託元のクライアントへ一時的に業務を代行してもらい、その間、彼を休ませて体力・気力の回復を図るしかないと決断しました。

この申し出は委託元に白旗を上げることになります。謝罪と支援のお願いに委託元を訪ねても、当然いい顔はされないだろうと予想していました。しかし、先方からは意外な言葉が返ってきたのです。

「やっと来てくれた。あなたがそれをいいに来るのを待っていましたよ。彼に、『我々が代理で業務をやるから休め』と何度も伝えたのに休まないんです。『自分は休みません。約束した契約内容を投げ出して逃げるなんて絶対にイヤです』といって。こちらはいつでも準備ができているので、早く彼を休ませてあげてください」

そのとき、岡さんは**これまでに味わったことのない恥ずかしさと情けなさ**を感じたそうです。プロジェクトの窮状をわかっていながら、業務の多忙を理由に相談に乗ることも、現場の様子を見に行くこともしていなかった無策な自分。自分のせいで思いのある優秀な人材をダメにしていたかもしれない。売上や利益だけを重視し、働く人の思いを無視するような組織でいいはずはないし、それに迎合するマネジャーでいいはずはない。二度と同じ過ちを犯してはいけない。そんな思いが芽生えたといいます。

「『**働く人の思いが反映される組織をつくる**』ということに、強い使命感のような感情がふつふつと沸き上がりました」

これが岡さんのキャリアの目的につながっていくのです。

キャリアの目的が背中を押す

ここから岡さんの意識と行動が変わります。以前は本音を伏せて、上司の指示通りに仕事をしていました。それが組織と自分自身を守ることだと信じていたからです。しかし、この出来事を機に「働く人の思いが反映される組織をつくる」という目的に従って判断し、行動するようになっていきました。実際に、この件では「売上よりも社員が大事だ」とプロジェクトの撤退を訴えて上司と衝突することになりました。

徐々に上司とも強く意見がぶつかることが増えていった岡さんですが、「今までの自分の行動を大きく変えることに恐怖はありました。ただ、**自分の感覚に従って行動してみると、どこかスッキリしている自分がいる**ことに気づきました」と自身の内面の変化を冷静に感じ取っていました。

その後も岡さんは自分の部門を「働く人の思いが反映される組織」に変えようと努めましたが、会社の方針とはギャップが生じ、思うようにはいきません。今のままでは自分のキャリアの目的は達成できない。岡さんはそう考えるようになります。

そして、「組織マネジメントの分野をもっと学び、『働く人の思いが反映される組織』をつくり出していきたい。それには自分ひとりでは難しい。自分と同じ思いを持っている人と一緒にやりたい」という思いがわいてくるのです。この思いが、**未経験の組織開発コンサルティングの仕事へのチャレンジを後押し**します。

キャリアの目的が進化する

転職を考えたとき、岡さんの中に、長く働いてきた組織内での評価や安定、部長職というポジションを捨てることへのためらいは当然ありました。転職したいと考えた会社は十数名規模のベンチャー企業で、規模の差やまた一から新人のような立場でやっていけるかについて不安もあったそうです。

「決断のポイントは、**5年後、10年後を想像してどちらがワクワク働けているか**ということでした。『安定した大手企業の部長職を捨ててまで』という周囲の声よりも、自分自身のキャリアの目的に従い、企業の組織活性化を支援するコンサルタントとして一歩踏み出すことを選択したんです」と岡さんはそのときの心情を打ち明けます。

しかし、目的に従って転職したものの、転職してからすぐに知識・経験不足の壁にぶつかりました。周囲の社員と自分のレベルを比べて、やはり無謀な挑戦だったのかと自信を失ったのです。

そんな苦悩する岡さんを支えたのは**「自分の仕事が面白いと思えた感覚」**でした。組織コンサルティングを通じて、組織内で苦悩する人たちに思いが生まれ、組織が元気になっていくという感覚を味わえる。**以前の仕事から得られるものとは明らかに違うもの**でした。

岡さんはようやく出会えたこの感覚を信じ、いい仕事をするために自分自身を磨くことを模索しました。そこで選んだのが「ワークショップデザイン」を学ぶ社会人講座です。年代・性別・職業を問わず集まり、共に理論を学び、「人が交流する場」を創造し実践するという学びの場で、最初から最後までニックネームのみを使っての交流です。会社の肩書を抜きにした素の人間同士としての交流は、心を自由にした感覚があり、さらに他者と対話を重ねて何かを創造することの面白さを体感します。

「それぞれ違う価値観や思いがあるからこそ、新しいものが生み出されるし、組織に力が生まれる。だから**自分自身も周囲と同じでなくてもいい**。みんながお互いの違いをもっと面白がることができればよい社会ができると思えるようになりました」

そこから岡さんのキャリアの目的は変わっていきました。現在の岡さんのキャリアの目的は、「みんながお互いの違いを面白がる社会をつくる」となりました。毎年買い替える手帳の最初のページに、必ずこの目的を記入しているとのことです。新たなチャレンジにより、岡さんはより大きなキャリアの目的を描けるようになっていました。

転職、そして社会人講座での学びを経て、岡さんは部長職という肩書があったときよりもイキイキと仕事をすることができています。その理由を岡さんはこう分析します。

「今までは周囲の評価がすべてだったと思います。周囲から自分自身を肯定してもらわないと不安でたまりませんでした。でも、今は自分の目指す軸が明確にあって、それと照らし合わせて自分で自分に問いかけをしている感覚があります。それを意識してからは、なぜか不思議と**未来に対して不安や恐れがなくなった**んです」

岡さんはこれからも壁にぶつかったとき、自分のキャリアの目的に問いかけながら前に進み続けていくでしょう。５年後、10年後、岡さんはどんな姿になっているのか。周囲も本人もまだ想像できていない岡さんがきっとそこにいるはずです。

トレーニング編

Training

第3章

体質改善に取り組む

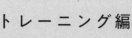

1 「体質改善」に向けた行動デザイン

目標喪失時代のキャリアデザインの2つ目のステップは「体質改善」です。ここでいう「体質」とは、**ネットワーカー体質、成長体質**の2つをいい、それぞれの改善が、よりよい目標を発見したり、目的を育てたりしていくためのカギとなるのです。

『ライフ・シフト』では、人生100年時代を豊かにするためには、生産性資産、活力資産、変身資産という3つの見えない資産形成が重要と述べられています。

生産性資産とは知識やスキルなどが中心で、所得を増やす要素。活力資産とは肉体的、精神的な健康にかかわるもの。そして変身資産とは人生100年時代に必ず起こる大きな変化に対応して自らを変身させてくれるものです。同書では、これらの無形資産を形成していくためには時間の使い方が重要であると説いており、なかでも、楽しみの時間である「レクリエーション」（余暇の時間）が、「リ・クリエーション」（再創造の時間）へとシフトしなければ人生100年時代は生きていけないというストイックな記述がありました。

これに不安や緊張感を抱いた、ワクワクできなかったという人も多くいたようです。

もちろんよりよいキャリアを実現していくにはたくさんの観点での努力が必要です。ただ、自分の余暇の時間をすべてスキル向上にあてるような時間の使い方をしても、人生戦略が絶対に大丈夫というわけでもありません。

大切なのは、**「どんなに努力が必要であってもワクワクする気持ちが保てる何かを見つける」こと**です。ワクワクできることを見つけられれば、結果がうまくいかなくてもプロセスは充実したものになります。

限界突破に向けた体質改善では、『ライフ・シフト』とは異なる視点で、しかし最終的には3つの無形資産形成を目指します。視野を広げすぎず、ネットワーカー体質と成長体質という2つの体質に絞り込んで強化すれば、きっとワクワクしたキャリアが拓けていきます。

①ネットワーカー体質の強化で「他人の力を上手に借りる」

想像以上の自分になる。目標喪失を機会にして、新たな自分を発見していくには、血のにじむような努力が必要——まじめな人ほどこう考えがちです。自分はそこまではできないと、あきらめてしまう人も多いのではないでしょうか。

しかし、ここで知っていただきたいのは、**今、皆さんがイメージする最高の未来は想像ができているので想像以上の自分ではない**ということ、想像以上になるということは、自分で頑張りすぎずに**他人の力を借りる**ということです。そのために必要になるのが、自然に多様なつながりが生まれる行動パターンを身につけるネットワーカー体質の強化です。

②成長体質の強化で「新しいことを学び続ける」

次が成長体質の改善です。成長体質というのは、**絶えず何か新しいテーマを学んでいることが当たり前になっている状態**をいいます。自分の頭で考え、自分の体を動かし、新しい先生や、自分が初心者になれる場所を楽しむ力を養うことです。

少しイメージを膨らませていただくために、私の体験談をお伝えしましょう。ある会社の代表と会食をしている際にこんな質問をしてみました。

「社長みたいな素晴らしい経営者になるには、今後、何を意識していけばいいでしょうか」

「本をたくさん読みなさい」「英語は必須だぞ」といったアドバイスを予想していました

が、答えは意外なものでした。

「まずは真剣に取り組めるスポーツと芸術の趣味をつくりなさい」

唐突なアドバイスに驚く私に、社長は続けました。

「どちらも教室に通って、先生について習うんだ。スポーツも芸術も日々努力しないとうまくならないからね。できれば若い先生に叱ってもらったほうがいい。自分のダメな部分が見えてくるから。仕事って危ないんだ。優秀な部下に恵まれるとなんでもやってくれて、自分の頭で考え尽くして行動し試行錯誤する力がだんだん失われていく。それに、それなりの立場になると皆が気を遣って接してくれて、知らず知らず傲慢になってしまうから」

人間、仕事に慣れてきたり、自分のキャリアがうまく回り出したりすると、傲慢になる部分がどうしても出てきます。また効率的に結果を出すことが仕事には求められるので、苦労を避けることが正当化される面もあります。このような状態が続くと、いつの間にか非成長体質になってしまうのです。

さらに、スポーツや芸術はまったく異なるネットワークの出会いにつながったり、知っている人でも異なる側面に出会えたりするチャンスになります。もちろん仕事関連でつながる努力も必要ですが、それだけではバランスを欠くのです。

2 それは性格の問題ではありません

キャリアの目的（パーパス）や目標が定まらない人に、まずは２つの体質改善をしてみましょうとアドバイスすると、よくこういう答えが返ってきます。

「私はそういうタイプじゃないんで……」

あまり社交的ではないため、勉強会やイベントに参加するのが億劫で不安な気持ちになる、性格的に向いていない、やってみたいことはあるが勉強は苦手という類の反応です。

社交的かどうか勉強が得意かどうかはさておき、まずは少しでも興味のアンテナが立った事柄、ワクワク感を覚えることはやってみることです。ワクワク感はよりよいキャリアを描くには必要不可欠のアンテナです。ある程度続けた上で、「あまりワクワクできない」のであればさっと次に行きましょう。**食わず嫌いは可能性を狭めます。**

一方、いろいろと始めてみることに抵抗はないが、正直あまり楽しくないと感じているのに、その場でできた友人関係を崩したくないからやめられないという方もいます。このような場合は、いったん距離を置いてみることです。いきなり関係を断絶するのも微妙ですので、何らかの理由をつけてしばらく休眠させておくと自然に結論が出るはずです。

さて本題に戻ります。「私はそういうタイプではない」というときの「タイプ」というのが本当に正しいかということです。スタンフォード大学のキャロル・S・ドゥエック教授は著書『マインドセット「やればできる！」の研究』の中で、性格（パーソナリティ）と心の在り方（マインドセット）とを分けて整理しています。

自分の性格と思っていることの多くが、実はマインドセットの産物であり、**マインドセットは脳の回路、心のメカニズムなので日常的な努力で変えられる**と同書では説明されています。ではマインドセットとはどんなもので、どうすれば変えていけるのでしょうか。

誰もが2つのマインドセットを持っている

ドゥエック教授によると、マインドセットは大きく2つのタイプに分けられるといいます。1つは**「硬直マインドセット」**。人間の基本的資質は固定的で、**自分の有能さを証明**

[図表3-1] **2つのマインドセット**

	硬直マインドセット	しなやかマインドセット
基本的スタンス	ひたすら自分は有能と思われたい	ひたすら学び続けたいと思っている
挑戦	できればチャレンジしたくない	新しいことにチャレンジしたい
障害	壁にぶつかったらすぐにあきらめる	壁にぶつかっても耐える
努力	努力は忌まわしい	努力は何かを得るために欠かせない
批判	ネガティブな意見は無視する	批判から真摯に学ぶ
他人の成功	他人の成功を脅威に感じる	他人の成功から学び、気づきを得る

キャロル・S・ドゥエック(2016)『マインドセット「やればできる!」の研究』(草思社)の図表を参考に筆者作成

したいと考えるものです。もう1つは、**「しなやかマインドセット」**。人間の基本的資質は努力次第で伸ばすことが可能で、**いつも成長したいと考えるもの**です(図表3－1)。

硬直マインドセットの人は、自分が他人からどう評価されているかを気にするのに対し、しなやかマインドセットの人は、自分を向上させることに関心があります。

生まれつきの性格と思われているような部分が、実はこのマインドセットにより導かれる行動パターンによって後天的に開発されているとすれば恐ろしい話です。この2つのマインドセットを示されれば、多くの人がしなやかマインドセットでいたい、いなければならないと感じるのではないでしょうか。

でもここは冷静に、そして目を背けることなく自分の中にある硬直化したマインドセットを見つめてください。

私自身、自分の能力や才能を周囲に認めさせたいと思ったことは人生の中で数え切れないほどあります。耳の痛い言葉から耳をふさぐこともあります。マネジメントの立場で、人の本質的な特性までは変えられないし、変える必要もないと思うこともあります。一方でどんな結果であろうとも受け止めて、次の自分に活かそうと思えることや、耳の痛いアドバイスを、これほどありがたいものはないと受け止められるときもあります。

私自身の感覚ではありますが、すべての人が硬直マインドセットとしなやかマインドセットの両方を持ち、タイミングによって硬くもしなやかにもなると考えています。

体のストレッチのように、心、マインドセットにもストレッチが必要です。

「誰でも、いつからでも人間は変わることができ、成長できる。そして自分自身も」

私のデスクに15年前から貼ってある自分へのメッセージです。

性格の問題だと逃げず、自分のマインドセットをしなやかに保つこと、徐々にしなやかにしていくことを皆さんも意識してください。

3

「ネットワーカー体質を強化する」ワーク

ここから「体質改善」のワークに入ります。まずはネットワーカー体質の強化です。

新しい出会いと懐かしい出会いを大事にする

大前提として、**最初から自分のキャリアにつながる出会いを求めすぎないようにします。** そして、ポイントは、新しい出会いと懐かしい出会いを大切にするということです。まずは毎週1人でも2人でもいいので、新しい人に出会うことを心がけましょう。毎週2人の新しい出会いがあれば年間で100人とつながることになります。これはオンラインでも構いません。オンラインの会議ツールがコロナ禍で普及したこともあり、物理的な距離を超えていろいろな人につながることができるようになりました。

一方、懐かしい出会いも大切です。学生時代の友人は今さまざまな仕事や世界とつながっているはずです。**その中のどこかに大事な偶然の出会いが眠っている**可能性があります。

具体的には、体質改善に向けたマイルール作成をおすすめします。たとえば、毎週1回ランチ会をしている人であれば、2回に1回は懐かしい人、遠い人との会にするといったルールです。オンラインツールを活用すれば、対話イベントに週イチで参加するといったことも可能ですし、地元の地域活動に参加してみる、興味のあるNPOの活動に参加してみるなども意外な出会いにつながります。どんなことでもいいので、無理せず続けられ、ワクワクのアンテナに反応するものを見つけることが大事です。

しかし、「大事なことはわかるが実行は難しい」という方も多いでしょう。そこでネットワーカー体質を強化する、実践的な3段階をお教えしましょう。①マインドセットを整える、②アプローチ対象をリストアップする、③行動を促進するための習慣をつくる、です。

①マインドセットを整える

いろいろな業界、世代の人とのつながりを広げるぞと思いながらなかなか行動に移せない人、躊躇なく動ける人――皆さんはどちらのタイプでしょうか。そして、この2つのタイプの人は何が違うのか。もうおわかりですよね。性格の違いではなく、マインドセットの違いです。ちょっとしたものの見方の違いが影響している面も非常に強いのです。行動に移せない方の多くは、相手にアプローチした結果、断られたり、怒られたり、無視されたりすることを恐れているのです。

あなたも心の中で、「きっと忙しくて相手にしてくれない」「知らない人からのメールなんて見ないはず」と無意識のうちに言い訳をしていませんか。私自身、本当に言い訳ばかりで行動が起こせないタイプだったので、この気持ちはよく理解できます。

でも、私も今だからわかるのですが、それって、**何も起きていない未来のことを勝手に決めつけて不安になっているだけ**なんですよね。そして、自分では言い訳をしていることに気づいていない。だから行動が変わらないのです。

体質改善のための第一歩は、行動を躊躇する気持ちを知って、物の見方を変えることです。次の質問に答えてみてください。

1「あなたが今、一番会いたい人（知り合いではない人を想定しましょう）にすぐにアポイントを取ってください」と言われて、行動することを躊躇している自分を想像してく

ださい。どんな気持ちでしょうか？

2 3年後のある日、充実した人生を送っているあなたに興味を持ったある中学校の先生から突然こんなメールが届きました。

「子供たちに、あなたの話をどうしても聞かせたいのです。お時間をいただけませんか？」

あなたはどんな気持ちになりますか。そして、1で躊躇していた気持ちの中にあった思い込みを思い返してみましょう。その思い込みは、何か新しい認識に変えられますか？

3 出会いを増やす行動を起こすに際して、あなたの背中を押してくれそうなエールの言葉を考えてみましょう。

1の問いは、心の中の言い訳、もしくはその言い訳をつくり出している無意識の前提です。しかし、この言い訳や前提は、本当に正しいものでしょうか。

そこで、2の問いです。逆の立場に立って、客観的に考えてみます。あなたが、誰かから会いたいとアプローチされたら、一体どんな気持ちになるか。それによって、無意識の前提は変化するかを考えていくのです。

さて、どんなことが見えてきましたか。**会いたいといわれて何だか悪い気持ちはしないはず**です。そんなあなたが相手からのアプローチを断るとしたら、どんな理由が考えられるでしょう。アプローチする側の立場の人は、断られたことをどのように認識すればよいと思いますか。

いやいや、そんなアプローチをされたら面倒くさいと感じた方もいると思います。時間も取られるし、どんな人かもわからないのに、とてもじゃないけど相手にしようとは思わない。そう考えるのもわかります。もしあなたがアプローチした相手がそのような思考の持ち主だったとしたら、門前払いされるでしょう。でも、門前払いをされたとして、あなたに何が起こるでしょうか。あなたの人生は、それによって悪くなるのでしょうか。

結局、相手がどんな人であっても、どんな対応をされたとしても、相手の気持ちをあなたが引き受ける必要はないわけです。そして、相手の対応に対する自分の感情は、あなたがその事実をどう見るかにかかっており、それはいかようにも解釈できるわけです。

あなたはどのように解釈しますか。新しく生まれた認識があれば、それも記載しておいてください。

そして、次に考えるのが3の自分へのエールの言葉です。エールの言葉を持っておくと、つらく感じることが起きても、**自分にとってプラスになる解釈に転換できる**ようになります。ぜひ照れることなく、思う存分エールの言葉を自分に授けましょう。

②アプローチ対象をリストアップする

マインドセットを整えたら、実際にアプローチする相手を決めます。限界突破のためには、今、自分が知っている人から選ぶだけではなく、思わぬ人との出会いを楽しむことが大切です。人との出会いを増やし、いろいろな話をしていきましょう。

出会いを増やすために、どのようにアプローチすればいいのかを考えていきましょう。出会いを増やしてネットワークを広げるための活動には大きく分けて次の3つがあります。それぞれについて、少しでもワクワクするものをリストアップしましょう。

（1）参加するイベント（新しい人）

※地元の地域活動、興味のあるＮＰＯ、朝活、読書会などほんの少しでも面白そうと思うものをリストアップして、どんどん参加してみましょう。

※少々恥をかいても構わないくらいの意識で臆せず参加するのがいいでしょう。

（2）助けを借りる人（懐かしい人）

※知り合いの中でハブになってほしい人をリストアップしてください。また、日常の中で会う人たちにも、「ネットワークを広げたいので、面白そうなイベントがあったら／面白そうな人がいたら紹介してほしい」と伝えてみるといいでしょう。

（3）会いたい人（新しい人／懐かしい人）

※対象とすべき人に決まりはありません。気に入った本の著者や経営者などの著名人、自分と違う生き方をしている方などもいいでしょう。ホームレスの方と話をしたら、自分にはない視点を持っていて参考になったというケースもあります。

出会いを増やしていくポイントは、とにかく人の助けを借りること。具体的には、朝活やセミナー、イベントなど人が集まる場に参加することと、知り合いに紹介してもらうことです。オンラインでも構いませんが、できるだけ参加者同士の雑談が生まれる場で、お互いの人となりが知れるほうが有効です。早速、どんどんリストアップしてみましょう。イベントについては、厳選する必要はありません。自分が少しでも興味を持ったものは、とにかくリストアップしておきましょう。

③行動を促進するための習慣をつくる

いよいよネットワーカー体質強化の最後の段階です。①でマインドセットを整え、②でアプローチ対象をリストアップしたものの、いざ新しく出会うとなると不安な気持ちが出てくることもあるでしょう。そこで、**余計なことを考えずに踏み出せるような習慣をつくっておく**ことが助けになります。

1 **出会った人との会話の習慣をつくります。**初めて会った人と何を話すかをあらかじめ決めておくため、出会った人に聞きたいことのリストを用意しておきましょう。会話の糸口さえ見つかれば、相手がどんどん話してくれることもありますので、これがあると安心できます。

2 出会いの習慣をつくります。出会うための行動をいつするかを決めておきましょう。

（1）準備の行動習慣
（2）出会いの行動習慣

つくる習慣は2つです。1つ目は**会話の糸口を決めておく**こと。2つ目は**いつどんな行動をするかを決めておく**ことです。見知らぬ人と会う場合、特に会話が続くか不安になると思いますが、イベントに来る人は誰かと話をしたいという思いを持った人たちです。また、人生経験が豊富な相手だからこそ、会いたくなるという要素もあるので、糸口さえつかめれば、あとは相手がどんどん話してくれることが多いものです。出会いの習慣は具体的に行動を決めておくことで、**日々のルーティンとして自然に取り入れていける**ようになります。この2つの習慣については具体例をいくつか挙げますので参考にしてください。

[図表3-2]「ネットワーカー体質を強化する」ワーク　参考例

③行動を促進するための習慣をつくる

1 出会った人との会話の習慣をつくります。初めて会った人と何を話すかをあらかじめ決めておくため、出会った人に聞きたいことのリストを用意しておきましょう。会話の糸口さえ見つかれば、相手がどんどん話してくれることもありますので、これがあると安心できます。

- ＿＿＿＿＿＿＿＿
- ＿＿＿＿＿＿＿＿
- ＿＿＿＿＿＿＿＿
- ＿＿＿＿＿＿＿＿
- ＿＿＿＿＿＿＿＿
- ＿＿＿＿＿＿＿＿

例
・今、いちばん楽しいこと
・最近、気になった出来事
・面白かった映画や本など
・気になるニュース
・面白い知人
・子供の頃の思い出

2 出会いの習慣をつくります。出会うための行動をいつするかを決めておきましょう。

	行動習慣	（例）
(1)準備		□毎週月曜日 AM8時～9時 ・参加するイベントや会いたい人を決めて、アプローチする（セミナー申込、会いたい人にメール等） □毎月末の土曜夜 ・当月の活動を振り返り、次月の活動の方向性を決める（朝活やセミナーには参加せず、会いたい人へのアプローチに集中する等）
(2)出会い		□毎週、3人に助けを借りるためのアプローチをする □毎月、会いたい人10人にアプローチする

4 「成長体質を強化する」ワーク

それでは次に具体的な成長体質の強化について考えていきましょう。まずは3つの領域のことに取り組みます。

仕事、仕事以外、趣味。3つの領域にチャレンジ

1つ目は、現状の仕事に関連する成長テーマの領域です。資格の勉強かもしれませんし、社外の同じ仕事を担当している人との**交流会**、**研究会**かもしれません。職種ごとの異業種ネットワークのようなものは必ずありますので、探してみるのもいいでしょう。

2つ目は、現状の仕事とは異なる領域での成長テーマです。気になる専門分野でもいいですし、苦手テーマの勉強でも構いません。**ちょっと変わった資格**、**気になるNPOのイベント参加**でもいいでしょう。

[図表3-3] 成長体質強化の3つの領域

成長領域	参考例
現状の仕事に関する成長テーマ	・専門資格の勉強 ・社外の同じ仕事を担当している人との交流会、研究会 ・職種ごとの異業種ネットワーク ・大学教授、コンサルティング会社の専門家との意見交換
現状の仕事とは異なる成長テーマ	・チャレンジしたい気になる専門分野の学習 ・苦手テーマ（会計、法律など）の学習 ・ちょっと変わった資格の取得 ・気になるNPOのイベントに参加
スポーツ、芸術分野の成長テーマ	・子供時代、学生時代にやっていたスポーツ、芸術分野 ・新しく始めてみたいと感じるスポーツ、芸術分野

　3つ目は、スポーツ、芸術などの趣味的な領域で真剣に取り組むものを1つ設定します。かつて経験したものでもOKですが、まったく初めてのものに挑戦するのもおすすめです。初心者の立場からの成長を味わうことは、**新しい挑戦への原動力や自信につながります。**

　これら3つの領域での成長を意識して行動を始めると、**隣接領域で新しいものも見つかってきます。**そこでできる新しいネットワークを通じて、新しい領域が見つかってもくるでしょう。通信教育などを利用した独学も可能ですが、リアルな教室やオンラインのスクールなどを選べばネットワーカー体質と成長体質の両方を強化でき、可能であればそういう選択肢がベターです。まずは考えすぎずに３つの領域にチャレンジしていきましょう。

この挑戦にも失敗はありません。始めた事柄にワクワク感が持てなければ、そういう自分についての理解が深まることになります。**少しずつ自分の可能性や向いていないことを発見し、自分の本当の目的に近づいていく**のです。

決めるけれど、固執しない

ネットワーカー体質強化の活動でいくつかのイベントに参加したり、いろいろな人と話をしたりを重ねたら、自分を成長させる３つの領域で何をするかを決めます。具体的に取り組む内容を書いてください（図表３－４）。

ポイントは、拙速に決めないことと、決めたことに固執しすぎないことです。

ネットワーカー体質強化によって、さまざまな出会いが生まれます。それによってあなたの中の選択肢が増えていくので、**何をするかはある程度選択肢が増えてきてから決める**

[図表3-4]「成長体質を強化する」ワーク

ネットワーカー体質強化の活動でいくつかのイベントに参加したり、いろいろな人と話をしたりを重ねたら、自分を成長させる3つの領域で何をするかを決めます。具体的に取り組む内容を書いてください。

1仕事に関わる領域	2仕事と異なる領域	3趣味的な領域

ことが大切です。少ない選択肢の中で拙速に決めると、あとから出てきた選択肢に目移りして、腰を据えて1つのことをやりきることが難しくなってしまいます。

一方で、矛盾した話のようですが、一度決めたことに固執しすぎずに切り替えることも大切です。やり続けることの美徳もありますが、目標喪失時代においては、チャンスを逃すことにもつながりかねません。**自分の目的と常に照らし合わせて、ズレていると思ったら思い切って手放す**勇気を持ちましょう。本当にやりたいことは、一度手放してもきっと戻ってきます。手放すことは遠回りではなく、一度手放す必然があったということです。

このワークの過程で、仕事の領域と仕事と異なる領域の線引きが難しいという相談をよく受けます。これも厳密に分ける必要はありません。時間軸ですぐに役立ちそうなことと、中長期で役立ちそうなことという分け方でもいいですし、異業種や興味のある資格でも構いません。大事なのは**視野を広げて活動をデザインする**こと。あくまで目安としての3つの視点と思ってください。

繰り返すことで目的が洗練されていく

ここまでネットワーカー体質強化と成長体質強化のワークを重ねてきましたが、これは一度で終えるものではありません。第2章で人生の目的（大目的）を仮置きしましたが、第3章のワークを繰り返していくことで、**大目的が洗練されると共に、中目的、小目的がつくられていく**のです。

そして、この目的も一度つくって固定するのではなく、手放すことを意識しておくことをおすすめします。ここでのポイントは、自分の心と対話することです。自分の本当の気持ちを信じてあげましょう。

5 小さな習慣がよりよいキャリアを引き寄せる

ここまで、ネットワーカー体質と成長体質という2つの体質の改善方法を説明してきました。体質改善という言葉は、健康維持の文脈でよく使われるもので、私もそろそろ気になる生活習慣病という言葉もあります。以前は成人病と呼ばれていましたが、成人の誰もがその疾病になるわけではなく、食習慣、運動習慣、休養、喫煙、飲酒等の生活習慣によって発症、進行することから生活習慣病と呼ばれるようになりました。

これは肉体的な疾病についてですが、精神的、つまり**キャリア意識やマインド面での生活習慣病も同じようにある**のです。よりよいキャリアをつくっていくには、キャリアをよりよくする生活習慣を身につける必要があります。

少し話は脱線しますが、同じような課題が組織にもあることを、組織開発のコンサルタントとして日々感じています。多くの企業で、定年年齢の引き上げや、バブル期の大量採用組がベテラン世代となることで組織の高年齢化が進んでいます。この問題にポジティブに対応できている組織は、モチベーションや能力開発の問題が生活習慣病的なものだと理解できている組織です。ですから、彼らの生活習慣を変える方向でマネジメントしていけば何歳になっても活躍してもらうことができると考え、努力しています。

一方、モチベーションや能力開発の問題を成人病的なものと捉えている組織では、一定以上の年齢になったらモチベーションの維持や能力劣化を免れないと考えがちです。そういう組織では、「年相応」という名の下に、簡易業務をベテランに割り当て、どんどんと非戦力化していています。そして業績が悪くなれば「自己責任」の名の下にリストラのカードを切るのです。

あなたが転職を考えている、あるいは就職活動中の学生さんであれば、歯の浮くような採用のメッセージではなく、**その会社が50代、60代の社員とどう向き合っているか確認**することをおすすめします。そこに**企業の人に対する考え方の本質**が現れるからです。

習慣が変われば新たな道が拓ける

本題に戻りましょう。私たちがキャリアを長期間にわたり、よりよきものにしていくには、よりよい習慣を身につけていく必要があります。心理学者のウィリアム・ジェームズはこんな言葉を残しています。

「心が変われば行動が変わる。／行動が変われば習慣が変わる。／習慣が変われば人格が変わる。／人格が変われば運命が変わる。」

自分のキャリアを切り拓くために血のにじむような努力が求められることもたくさんあります。そして、その情熱と才能を持ってこの世に生を受ける人もいます。

一方で、神様が引き合わせてくれたように、偶然のご縁を通じて人生が変わっていく人もたくさんいます。**まるで毎日自然に歯磨きをするようにしていることが、よいキャリアを引き寄せることもある**のです。また不思議なことに、できることを積み上げていくと、いつの間にかできなかったことができるようになります。

「やったほうがいいな」と思っているし、「これならできるな」と思っていることで、でもやっていないことはたくさんありますよね。その中でワクワクできるものをまずは始めてみましょう。

case study

6 1つの領域に絞らずにキャリア体質を改善する。

仕事・子育てと同時並行で自主上映会イベントを継続開催
——児玉智美さん（39歳）

新たな領域をつくり出すネットワーカー体質のマインドセット

仕事以外の活動に興味を持てない、興味はあっても多忙で実行に移せない人が多い中、**精力的に活動の幅を広げる人が存在**します。なぜ仕事以外の活動を積極的に行うことができているのか、その原動力を解き明かしていきましょう。

大手不動産デベロッパーの経営企画部に勤務する児玉智美さんは、家庭では3歳の子供の母親であり、仕事以外の活動として、配給会社と個人で契約を結び、映画の自主上映を行っています。上映するのは、自分が鑑賞しもっと世の中に広めたいと感じた映画です。

明確な目標を持ち、エネルギッシュに活動を続けるように見える児玉さんですが、意外なことにこう語ります。

「明確な目標は意識したことがなくて、常にもがき、さまよい続ける人生です」

以前はここまで活動的ではなかったという彼女のマインドセットがどのように形成されてきたのか、振り返っていきましょう。

「人の役に立ちたい」という思いと狭い選択肢の中で葛藤

児玉さんは就職氷河期にキャリアをスタートしました。「人の役に立ちたい」という漠然とした思いがあったものの、限られた選択肢の中で内定が取れそうな会社へ就職を決めるのが精いっぱい。ようやく入社した飲食業の会社では、人の役に立ちたいという思いとは裏腹に過重労働で疲弊し、まもなく退職します。

転職先の不動産販売会社では、事務職として顧客管理事務業務を担当することになりました。ただ、ここでも目の前の事務業務と「人の役に立ちたい」という思いが結びつけられず悩み苦しんでいました。

「仕事はお客さまに不動産物件を引き渡すまでの事務手続きです。決められた仕事をこなしていく中で、お客さまにもっとしてさし上げたいことがあるのに範囲を超えられないというジレンマがありました。そんなとき、ある社会起業家の本をたまたま手にしたんです。社会に貢献する思いの強さ、そして行動力に憧れました。でも、だからといって自分にはスキルも実力もない、成果を待つ辛抱もできない。**自分の仕事が世の中の役に立っているのか実感を持てず、モヤモヤがつのる**ばかりでした」

自分にはもっとできることがきっとある。しかし、漠然と悩んでいるだけで答えが出せない。そんな思いを抱えた児玉さんは4年間勤務した後、この会社を退職します。

ボランティアへの参加をきっかけにキャリア体質が改善する

不動産販売会社を退社した後も、児玉さんは今後の自分自身のキャリアについてどうすべきかわからず悩んでいました。明確な目標が見えない中で、生計を立てるために派遣社員として期間限定の事務職の仕事をしながら転職活動も並行して進めていました。そんな生活を1年ほど続けていたあるとき、**以前から興味を持っていた地域のボランティア活動に参加**することにしました。本で読んだ社会起業家への憧れ、生まれ育った地域に貢献したいという思いがあったことが参加の後押しとなったそうです。

実際に参加してみると、これまで会社員として働いていたときよりも**直接的に人の役に立つ実感**を持つことができました。ここから継続してボランティア活動に参加することになります。複数のイベントに参加し、さまざまな人とつながり、徐々に周囲の団体から声がかかる場面が多くなりました。その中で、行政と共にアートを取り入れた街づくりを推進しているNPOと出会います。

実は児玉さんは以前からアートの分野に関心があり、美術大学を目指していた時期もありました。ここで、児玉さんの中で**地域・街づくり、社会貢献、アートという３つの興味・関心の要素がぴったりと重なった**のです。

このNPOに参画できることにワクワクした感覚を持った児玉さんは収入に不安はあったものの、一般企業への転職活動をやめて、NPOの活動にのめり込んでいきます。

「気軽な気持ちで始めたボランティア活動から自分がワクワクしてのめり込む仕事に出会えるなんて当初は思っていませんでした。何の脈絡もなく興味だけでスタートしたことでしたので。NPOではこれまで経験のない広報とボランティアコーディネート業務を任されました。一般的な企業のように組織が縦割りになっていなかったので、すべて自由でした。一方で、前例もなく、誰からの指示もないため本当に苦労しました。たとえば、広報誌制作業務では、企画、取材先の選定、取材や執筆、デザイナーとの調整など、初めてのことばかりでしたが、実際に経験してみて、大変だけど自分に合っているなと思えました。また、役割や所属を超えていろんな人とイベントや仕事を通じてつながることで新しいアイデアや企画が生まれていきました。**1つの場所に留まらず越境することでいろんな自分を表現できた**感覚です」

目標を明確に持たないままボランティアの領域に踏み込んだことから、新しいネットワークが生まれ、自分らしい姿が自然と浮き彫りになった児玉さんは、こう続けます。

「周囲からも枠にとらわれないところが児玉さんらしいね、といわれました。活動の範囲が広がることで、人の役に立つという実感も持てるようになっていたと思います。本当はこんな風になろうと目標を持って飛び込むべきだったとは思うのですが、憧れと勢いだけで突き進み、気づいたときには自分の中のいろんな扉が開いていた感じです」

この経験を通じて児玉さんにネットワーカー体質が育まれました。自分ひとりだけで考える前に、**まずいろいろな人と話すことで視野が広がることを体得**した児玉さんは、他のNPOのイベントへ参加するなどさらに活動の幅を広げていきます。

不測の事態にしなやかなマインドセットを持ち続ける

ＮＰＯで働き始めて2年後、児玉さんにとって不測の事態が起こります。お父さまが交通事故に巻き込まれ重傷を負い、長期自宅介助が必要となってしまったのです。お父さまの介助、事故にかかわる裁判やお父さまの会社との協議などにかかわる時間が多くなりました。また、家族の収入や日常生活も不安定となり、もっと安定した企業で働くのが現実的ではないかと考えるようになりました。

やりがいを持てる仕事だったので手を抜かず並行して頑張ってきた児玉さんでしたが、お父さまの事故から1年ほどのち、周囲と相談した結果、方向転換をする決断をします。「本当はＮＰＯで頑張り続けることが自分の進むべき道だったのかもしれませんが、家庭の事情との両立が難しく、このままでは以前のようにワクワクした仕事ができないと思いました。**今は自分の状況に合わせて働ける環境を選ぶことが必要**だと考えたんです。たまたま広報のポジションで募集していた今の会社に転職することができました。これまでとは違う大きな組織の中で自分自身が思ったように仕事ができるのか、社風に合うのかが正直不安でした。でも、大きな組織であれば自分がかかわる仕事で実際に社会に与えられる影響も大きくなるとポジティブに考えました」

児玉さんは不測の事態に真摯に向き合ったことで大きな方向転換をしました。マインドセットをしなやかに保つことで、**今の所属や仕事に縛られすぎず、進む方向を新たに意味づけする**ことができたのです。

進化したマインドセットでネットワーカー体質を強化する

大手企業の広報の仕事を始めた児玉さんは、しばらくは与えられたポジションの業務に専念していきます。以前のように所属を超えた活動をすることも少なくなりました。

そんな児玉さんが再度、活動の幅を広げようと考えるようになったきっかけがお子さんの誕生でした。お子さんが生きていく未来の社会を真剣に考えるようになったといいます。

「子供が生きる未来を考えたとき、今のままの社会で本当にいいんだろうかと思ったんです。事故で障がいを持った父が不自由な暮らしを余儀なくされ、日本はマイノリティといわれる人が生きづらい世の中だと実感しました。私は自分の子供がどんな状況でも、たくさんの選択肢を持てる社会を未来に残したいと思ったんです。人の役に立つためにというよりは自分自身のためにも」

このままの生き方でいいのかと少しモヤモヤしていた児玉さんにとって、この気づきはこれからの人生を照らす一筋の光となりました。**自分自身の原体験からわき上がってきた人生の目的を強く意識**するようになっていったのです。

「そんなことを考えていたとき、たまたま友人にある映画をすすめられました。日本におけるマイノリティを扱ったドキュメンタリー映画でした。鑑賞後、この映画をもっと多くの人に見てもらいたいと思いました。そして、たくさんの人が日本社会におけるマイノリティの問題に向き合う時間をつくり出すことは私でもできるかもしれないと思ったんです」

業界になんのツテもない児玉さんでしたが、パンフレットに記載されていた自主上映会への誘いに即座に応募。はじめの上映会は、まずは親しい友人を集め、地元の公民館で実施しました。その後、予想を超える賛同者が口コミで広がり、趣旨に共感した大手企業や大学などと協働で行うことが多くなりました。目指せ参加者1000人を合言葉に進めてきた活動ですが、活動を開始して約10カ月間ですでに779人。目標到達は目の前です。

偶然の機会から直感を得て行動に移すことで、児玉さんのネットワーカー体質は強化されていきました。新たに動き出した児玉さんは、今後、何を目指しているのでしょうか。

「自分の子供がどんな状況でもたくさんの選択肢を持てる社会を未来に残したい、そう思って行動することがサーチライトになって進みたい方向は見えました。ただ、それが具体的な自分の姿とどうつながっているのかというのはまだ探り途中かもしれません。今回、勢いで開催した上映会でしたが、驚くほど多くの方々に賛同していただき一緒にやろうと声をかけてもらいました。自分の中に新しい世界が生まれ、仕事だけ、家庭だけでは味わえないワクワク感をいただきました。だから、これからも活動の幅を広げていきたいとだけは思っています。

仕事では、会社に交渉して自分が進めていきたい『企業によるサステナビリティ推進』にかかわることができるようになりました。これからは地域コミュニティにも参加したいし、同じ子供を持つ母親のコミュニティもつくってみたい。**1つの場所に縛られないことで、いろんな自分を表現できる場をつくれる。**そんな社会になればうれしいなと思っています。選択肢を増やす意味はそこにあると思います」

選択肢を増やしていくことが個人の成長につながる。そう実感する児玉さんだからこそ、精力的に活動の幅を広げていく姿が、周囲から無理なく自然に見えるのかもしれません。

トレーニング編

Training

第4章

目標をたくさんつくる

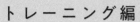

1
「できそうなもの」は目標ではない

次のステップは、目的を具体化する目標の設定です。ここで注意してほしいのは、「できそうな目標を立てない」こと。それでは、できることの増える量も小さいですし、ネットワークの広がりも幅の小さいものになってしまいます。目標喪失時代のキャリアデザインでは、目標は達成するためではなく、次の2つの意味のために存在します。

意味1：目標に向かって進むことで、新たなネットワークとスキルが身につく
意味2：その目標によってワクワクして、心のパワーを上げていく

意味1は、つまり体質改善を促進するために目標があるということです。
意味2は、1よりもさらに重要なことですが、その目標を口にするだけで、うれしくなる、ワクワクするといった類のものです。

このように説明すると、「目標とは『夢』みたいなことですか」と聞かれることがあります。確かに人によっては「夢」のほうがイメージは近いかもしれません。「夢に日付を入れると目標に変わる」という言葉がありますが、そう考えれば、「夢」として置いておくのではなく、そこに向けて何らかの行動を始めていることをもって「目標（≠夢）」と定義することができそうです。

他方、「夢」という言葉は人によって解釈がさまざまなものです。目標喪失時代のキャリアデザインにおける「夢」についてここでもう少し深掘りしてみましょう。

「夢みたいなこと」に向かって現実的に行動する

改めて夢とは何かと聞かれるといかがですか。オリンピックに出たい、海外のリゾート地でのんびり暮らしたい、世界が平和になってほしい……。

いろいろな視点やレベル感がありますが、目標喪失時代のキャリアデザインにおける目標（≠夢）の定義は、**「大好きなこと、やってみたいこと、難しくて今はできないこと、そしてワクワクできること」**です。そして夢を夢と表現せずに、目標と言い切ることで行動の原動力になると思っています。

私がこの定義にたどり着いたのは、北海道中部に位置する赤平市で安全で低コストの「カムイロケット」の開発に取り組む植松電機の植松努社長のお話を聞いたことがきっかけでした。植松電機は小規模な町工場ながら北海道大学と協同で宇宙開発に取り組む会社です。植松社長はブログや書籍、講演などで積極的に発信なさっているので、ぜひ何らかの形でその考えに触れてほしいと思います。私も企画に参加している異業種交流の研修プログラムでご講演をいただいていますが、いつも圧倒されるばかりです。

植松社長は小学生の頃、将来の夢を発表する場で、**「宇宙にかかわる仕事をしたい」**といったところ、先生から「そんな夢みたいなことをいってどうする」といわれたそうです。

笑えない話ですが、実は大きな真理を含んでいます。できる、できないは横において、まずは夢を描く。でも、大事なのは、「夢みたいなことをいって」で終わりにせず、現実的にできることから行動していくことです。そこから、人生を切り拓くパワーとネットワークを得ることができるのです。

夢の実現に向けて現実的に考え行動すべきだが、一方で夢が現実的である必要はない。

植松社長のエピソードはこのことを教えてくれます。

また、植松社長は、「高級車に乗りたい」「海外の高級リゾートに行ってみたい」といった類のものは夢ではなく、自分ではない誰かが提供しているサービスに過ぎないと語っています。**他人が提供するサービスを夢だと勘違いすると、夢を叶えていくためにどんどんお金が必要になってしまい、問題が起きる**と警鐘を鳴らしているのです。

本書で考える目標（≠夢）も、お金を使って誰かの提供するサービスを購入することではありません。「大好きなこと、やってみたいこと、難しくて今はできないこと、そしてワクワクできること」です。難しいことに向かって挑戦していくことが何より大切です。

2 ワクワクする「目標」を5つ考えてみよう

皆さんは、自分がワクワクする目標を5つ挙げられますか。大好きなこと、やってみたいこと、難しくて今はできないこと、そして他人が提供するサービスではないものです。

ちょうど15年前、私は食品メーカーの平社員でした。当時の目標は、①経営者になる、②人に教える、先生という仕事もしてみたい、③本を出版したい、④何かスポーツ競技にかかわりたい、⑤二拠点生活をしたい、という5つです。当時きちんと整理して考えていたわけではありませんが、振り返るとこの5つだったなと感じます。

経営者という目標は、祖父、父が会社経営をしていたこともあり、小さな組織でもいいので経営に携わりたいと思っていたからです。先生というのは当初教員を目標にしていたことや、④のスポーツ競技とも重なりますが、学生時代に全国大会行きを逃したことがあり、指導者という立場で実現したいという気持ちも強くありました。③の本の出版は、ルポライターに憧れていて、いつか書いてみたいと思っていました。⑤の二拠点生活は、少し田舎で育ったこともあり、都会的な生活に嫌気がさしていたことに起因します。

目標は達成することを目指さないといいながら、私は幸運なことに①②③の3つを達成することができました。ただ血のにじむような努力をしたという記憶はありません。少々睡魔と戦ったことはありますが、すべて大好きなことで、やってみたいことばかりだったので、毎日が楽しく、ワクワクするものばかりでした。もちろん一瞬、一瞬ではつらいこともたくさんありました。でも、**目標（≒夢）に向かって、自分が選んでやっているという気持ち**があったので、乗り越えることができました。

さらに、これらの目標を追いかける中で、人に伝える力や、複雑なことをなるべくわかりやすい事例で伝える力などが鍛えられたと自己分析しています。

さて、5つという数字に特段の意味はありませんが、**なるべくたくさん目標はあったほうがいい**ということでの数です。「目標（≒夢）」と考えれば、たくさんあったほうが、行動の選択肢も増えますし、それを目指すプロセスでネットワークも広がり、能力も磨かれます。そして自分の大好きなことを中心に目標を組み立てていれば、組み合わせによって自分らしさができあがっていきます。

逆に、世の中が求めていることや、組織が求めていることに合わせて目標を考えると、周囲と同じようなネットワークと能力しか身につきません。それでは希少な人材とはなりがたいでしょう。ここまであまり人材としての希少性とか、戦略的なキャリア構築といったお話はしていませんが、**究極の差別化、人材としての希少性を構築する方法は、自分らしくあるということ**です。

キャリアゴールは〝自分自身になる〟こと

自分らしく、を考えるときによく思い出す詩があります。「トマトとメロンを比べてもしようがない。トマトよりメロンのほうが高級なわけではなく、トマトもメロンもそれぞれに自分のいのちを生きている。メロンになることを強要されてやけになっているトマトも多い」という内容のものです。

トマトは自分らしくあること、メロンを社会のモノサシでの成功者と考えるとどうでしょうか。

キャリアの究極のゴールは本当の自分になることです。限界突破というと、何かすごいものになることをイメージされるかもしれませんが、ちゃんと自分になること、**隠れている本当の自分になることがキャリアゴール**です。誰もが赤ちゃんの頃は、何に気兼ねすることもなく自分らしくあったはずです。それが家族との関係、社会との関係の中で自分自身を見失い、自分ではない別のモノサシで自分を測り、いつも何か足りない自分に不満を持っているという状況をたくさん見かけます。

ちゃんと自分自身になることを意識してキャリアをつくっていくことで、何かに惑わされることなく、ポジティブに人生を歩めるはずです。

3
「目標をたくさんつくる」ワーク

それでは、「目標をたくさんつくる」ワークを始めていきましょう。①〜④で進めていきます。

①キャリアの目的（パーパス）を確認する
②キーワードを出す
③発想を広げて目標を見つける
④目標の自己評価

①と②は、目標を見つけるための準備運動、③で実際に目標を見つけ、④で目標としてのふさわしさを検証していきます。

①キャリアの目的（パーパス）を確認する

まず大切なのは、目的と目標がつながっていることです。目的から目標を考えることと、ここでのワークを通して出てきた目標から目的を進化させることの両方の視点を持ちましょう。これによって目的と目標のつながりを強固にしていきます。

第2章で考えた「キャリアの目的」を書き出してください（暫定的なものでも構いません。設定できていない方も、そのまま進んでください）。

私のキャリアの目的は、　　　　　　　　する存在であることです。

キャリアの目的が明確に決まっていない人もいると思いますが、問題ありません。その場合は、目標を考えることで、キャリアの目的を探求する、あるいは進化させることを考えましょう。ワクワクする目標は、目的を探求するヒントであり、目的を進化させるチャンスにもなるのです。一方で、目的が明確になっている人は、目的に沿ったキャリアを歩んでいる自分を想像することで、目標が見えてきます。このワークを通じて、**目的と目標のつながりを意識して、両方のイメージを膨らませていきましょう。**

②キーワードを出す

目標は、これから自分がやりたいことを決めるものですが、その**ヒントはこれまでの人生の中にあります。**次の3つの切り口でこれまでの人生について思い出した上で、やりたいことのキーワードになるものを出していきます。

1 これまでの人生で考えたことや感じたことを振り返りましょう。以下の観点で思い出すものを、すべて書き出してください。

- これまでに抱いたことのある夢
- 心に残っている言葉・風景・人物・音楽・本・映画など
- 心が動いたMyニュース（社会的ニュースから身の回りのことまで）

2 書き出したものを見て、やりたいことにつながるキーワードを出しましょう。報酬や実現可能性などは考えずに、制約を設けずに出してください。

まずは、「これまでに抱いたことのある夢」です。その夢自体が目標になるかもしれません。そうではなくても、**その夢を抱いた背景には理由がある**はずです。

たとえば、学校の先生になりたいという夢を抱いていたとします。では、先生になることで何をしたかったのでしょうか。相手の理解を深められることがうれしい、子供たちに生きる力を与えたいなどさまざまな背景があるでしょう。よく考えると、これらは先生にならなくてもできることですよね。このように夢の背景を考えてキーワードを出していくことが、新たな目標につながっていくのです。

次は、「心に残っていること」です。ふとした瞬間になぜか浮かんでくる言葉や忘れられないシーンなどはありませんか。私は、「自利利他」という言葉が心に残っています。この言葉を初めて聞いたのは中学生の頃でした。ニュース番組で耳にしただけのこの言葉が記憶に刻み込まれ、結果的に私の人生において重要なキーワードになりました。

記憶に残っているものというのは、自分にとって何らかの意味があるものです。皆さんも、記憶に残っていることをたくさん出して、そこにある意味を考えてみてください。

最後は、「心が動いたMyニュース」です。社会的ニュースでも身の回りのニュースでも、**自分が気になるポイント、心が動くポイント**があるはずです。私の場合、コロナ禍で過大な負担を強いられて離職を選んだ看護師のニュースや、職場の仲間が仕事の悩みで元気をなくしていることが気になりました。まったく別の出来事ですが、私にとっては、前を向きたくても向けない人が気になるという共通点があるのです。Myニュースの気になるポイントを言葉にしてみることで見えてくるキーワードをどんどん出してみましょう。

①②のサンプル回答も掲載します。参考になさってください（図表4－1）。

いかがだったでしょうか。子供の頃の夢を思い出したりすると懐かしい気持ちにもなりますが、昔から変わらない自分を発見したり、見えていなかった自分を見るような感覚もあったのではないでしょうか。これで、目標を見つけていく準備が整いました。

次はいよいよ目標（＝夢）を見つけていきます。思い切り楽しみましょう。

[図表4-1]「目標をたくさんつくる」ワーク

①キャリアの目的(パーパス)を確認する

第2章で考えた「キャリアの目的」を書き出してください(暫定的なものでも構いません。設定できていない方も、そのまま進んでください)。

「私のキャリアの目的は、
みんながクリエイティブさを発揮できるための環境をクリエイト
する存在であることです」

②キーワードを出す

1 これまでの人生で考えたことや感じたことを振り返りましょう。以下の観点で思い出すものを、すべて書き出してください。

これまでに抱いたことのある夢	心に残っている言葉・風景・人物・音楽・本・映画など	心が動いたMyニュース(社会的ニュースから身の回りのことまで)
・学校の先生 ・ノーベル賞受賞(科学者) ・カメラマン ・イラストレーター ・起業 ・本を出す ・社会を変える技術開発	・ビッグバンの謎 ・Windows95／iPad発売の衝撃 ・「未来を予測する最善の方法は、それを発明することだ」(アラン・ケイ) ・ドラマ「ひとつ屋根の下」	・近所の子供の留学 ・長時間労働に苦しむ会社員のドキュメンタリー ・コロナ禍で苦しむ飲食業界 ・企業のシステム不備 ・老後に必要となる貯金額 ・職場のメンバー間の対立

2 書き出したものを見て、やりたいことにつながるキーワードを出しましょう。報酬や実現可能性などは考えずに、制約を設けずに出してください。

■制約を設けずにやりたいことのキーワードを出しましょう。

時間の余裕をつくる、あたたかい家族をつくる、新しい価値をつくる、みんなを驚かす、悩みを技術で解決する、選択の自由を生み出す、仕組みをつくる、楽をする、チャレンジする、映し出す、抽象化してシンプルにする、わかりやすく伝える、発明する、今を残す、つながりのある社会をつくる、理不尽な出来事をなくす、理不尽な労働からの解放、未来を想像する、生きた証を残す

③発想を広げて目標を見つける

②で出したキーワードを組み合わせることで、アイデアを広げていきます。

書き出したキーワードを組み合わせながら、やりたいことのイメージを膨らませましょう（ここまでで出てきたキーワードで構いませんし、新たに思いついたことがあれば、それも書き出してみましょう）。それを掛け合わせたら、何が出てくるでしょうか？

キーワード（A）×キーワード（B）＝やりたいこと＝目標

×　＝

×　＝

×　＝

×　＝

×　＝

コツは、連想ゲームだと思って楽しみながら取り組むことです。単に言葉だけを組み合わせるのではなく、**言葉から連想されるものをイメージ**しながら考えましょう。ここで役立つのが分解と抽象化という思考法です。

分解して考える

研修でこのワークをすると、「これまでに抱いたことのある夢」としてサッカー選手を挙げる方がたくさんいます。では、サッカーの何に惹かれていたのか。理由は人それぞれで、そこから導かれるキーワードも1つではありません。たとえば、人が連動して動くことの楽しさだとすれば、「法則を考える」「阿吽の呼吸」「補う」といった言葉がキーワードになるでしょう。技術を極めることの楽しさだとすれば、「分析する」「同じことを繰り返し継続する」「土台をつくる」といったことかもしれません。このように、魅力を分解して考えていくことでさまざまな要素が見つかっていきます。

抽象化する

「心が動いたMyニュース」では、いじめ問題がよく出てきます。これは、たとえば、心の問題や人権、学校教育、家庭での対話といった側面を考えてみたり、チーム、融和、寛容などいじめがない社会にあるものを考えてみたりするといろいろなキーワードが出てきます。このように、ある事象に対して、「つまりどういうことだろう?」という発想から抽象化することも連想ゲームのコツです。

目標設定のサンプル

キーワードの組み合わせでやりたいことのイメージを膨らませる参考例が図表4－2です。一例を挙げて説明しましょう。

あたたかい家族をつくる（A）×老後に必要となる貯金額（B）
＝ファイナンシャルプランを軸とした幸せ家族トータルサポーター

これは、「これまでに抱いたことのある夢」でカメラマンを挙げた方が、なぜカメラマンかを分解して考えたところ、「家族写真が好き」→「家族のよい表情を切り取るところにワクワクする」から、Aのキーワード「あたたかい家族をつくる」と連想が進みました。

Ｂの「老後に必要となる貯金額」は「老後２０００万円問題」の報道から引き出されたものです。家族が幸せな人生を歩むためにはお金の問題は欠かせないと考えているからこそ、このニュースが気になったことに気づき、Ａ×Ｂで「幸せ家族をつくるファイナンシャルプランナー」を目標として設定しました。しかし、ファイナンシャルプランナーという限定した目標がしっくりきません。そこで、もう一度、キーワードに立ち返ったところ、夢だったイラストレーターを抽象化した「シンプルにしてイメージで伝える」というキーワードが出てきました。この要素をさらに掛け合わせ、ファイナンシャルプランというう少しわかりにくいものをシンプルに伝える「トータルサポーター」の表現が生まれたのです。

実は「トータルサポーター」の中身はこの時点ではまだ決まっていません。**夢を膨らませる余白がある**のです。この余白にどんなものが入っていくのか楽しみになります。

さて、いくつの目標候補ができましたか。このステップは楽しむことがポイントなので、とにかく皆さんの**想像力を思いっきり解放して、最低でも５つ**は出しましょう。

[図表4-2]「目標をたくさんつくる」ワーク

③発想を広げて目標を見つける

書き出したキーワードを組み合わせながら、やりたいことのイメージを膨らませましょう(ここまでで出てきたキーワードで構いませんし、新たに思いついたことがあれば、それも書き出してみましょう)。それを掛け合わせたら、何が出てくるでしょうか？

キーワード(A)	×	キーワード(B)	=	やりたいこと=目標
理不尽な労働からの解放	×	仕組みをつくる	=	業務オペレーションのイノベーター
あたたかい家族をつくる	×	老後に必要となる貯金額	=	ファイナンシャルプランを軸とした幸せ家族トータルサポーター
職場のメンバー間の対立	×	新しい価値をつくる	=	対立を価値に変える人
選択の自由を生み出す	×	表現する(イラストレーター)	=	わかりにくいものをシンプルに伝える資料作成のスペシャリスト
コロナ禍で苦しむ飲食業界	×	未来を想像する	=	現場の工夫から新たな飲食店のあり方(未来)を発信する
ノーベル賞受賞	×	本を出す	=	科学の面白さを伝えるYouTuber

④目標の自己評価

いよいよ最後のワークです。目標としてのふさわしさを確認していきましょう。ここは図表4－3の回答例も参照しつつ考えてみてください。

出てきた目標が、本当に自分の目標としてふさわしいかを考えます。その目標があるだけで、元気になったり優しくなれたりするか、そして行動に移れるかがポイントになります。次の項目について、◎／○／△／×の4段階で評価してみましょう。

評価したら、総合評価でこの目標のお気に入り度をつけてみてください。

※ワクワク度はどれか1つでも高ければ、ワクワクしながら取り組めるものです。

[評価項目]

・ワクワク度（心が躍る、和む／力がみなぎってくる／使命感を感じる）

・目標に向かう行動が思い浮かぶ

・総合評価（お気に入り度）

目標が自分にとってふさわしいかどうかを評価する最大のポイントは、ワクワクするかどうかです。①で確認したキャリアの目的とも照らして、確認していきましょう。

ワクワクするという感情をもう少し細かく見ると3つに分かれます。まず**「心が躍る、和む」**もの。この目標を思い浮かべるだけで、思わず笑顔がこぼれるような感覚です。次に**「力がみなぎってくる」**もの。これは、体が熱くなるような感覚があるかどうかです。そして最後は**「使命感を感じる」**もの。面白そうとか楽しそうというよりも、自分がやらなければ誰がやるのだ、という気持ちが出てくるものです。

この3つのうちのどれかを強く感じていれば「ワクワクしている」ということですが、皆さんの目標はいかがでしょうか。

評価するポイントがもう1つあります。それは、**目標に向かう行動が思い浮かぶかどうかです**。行動がイメージできないのでは、動きようがありません。動きようがなければ結果として現状と何も変わらないことになりますので、目標になり得ません。ここまで来て目標を考え直すのは抵抗を感じると思いますが、ここを中途半端にすればいずれ後戻りすることは必至ですので、思い切って今の目標を捨てて、もう一度考えてみてください。

[図表4-3]「目標をたくさんつくる」ワーク

④目標の自己評価

出てきた目標が、本当に自分の目標としてふさわしいかを考えます。その目標があるだけで、元気になったり優しくなれたりするか、そして行動に移れるかがポイントになります。表の項目について、◎／○／△／×の4段階で評価してみましょう。

評価したら、総合評価でこの目標のお気に入り度をつけてみてください。

※ワクワク度はどれか1つでも高ければ、ワクワクしながら取り組めるものです。

	目標	ワクワク度			目標に向かう行動が思い浮かぶ	総合評価(お気に入り度)
		心が躍る、和む	力がみなぎってくる	使命感を感じる		
①	業務オペレーションのイノベーター	◎	◎	△	◎	◎
②	ファイナンシャルプランを軸とした幸せ家族トータルサポーター	◎	◎	△	○	◎
③	対立を価値に変える人	△	△	×	×	×
④	わかりにくいものをシンプルに伝える資料作成のスペシャリスト	◎	◎	◎	◎	◎
⑤	現場の工夫から新たな飲食店のあり方（未来）を発信する	○	○	○	○	○
⑥	科学の面白さを伝えるYouTuber	◎	○	○	◎	◎

さて、ワクワクする目標は設定されましたか。目標はきっと簡単にできるものではないはずです。しかも、目標はたくさんつくりました。しかし、この簡単ではない目標をたくさんつくったことが重要なポイントなのです。なぜかというと、実現に向けて行動するときに、さまざまな人の力が必要になるからです。

第3章でネットワーカー体質を強化する方法を説明しましたが、目標をたくさんつくり、さまざまな人の力を借りながら進めていこうとすることで、さらにネットワーカー体質が強化されていくのです。すると、他の人からの刺激を受けて、さらにやりたいことが生まれたり、目的が進化したりします。

ここで設定した目標はゴールではありません。目標のたまごです。ですから**目標を実現できるかどうかは大きな問題ではありません。**それよりも、そこに向けてどんどん動くプロセスを大切にしましょう。その**プロセスこそが、キャリアを拓いていくことにつながる**のです。

自分の中に制限を設けず、発想を広げて楽しみながら目標を考えていきましょう。

4 キャリアにおけるレジリエンスとイノベーション

目標喪失時代に求められるキャリアのキーワードを、別の言葉で表現するとレジリエンスとイノベーションといえるでしょう。

レジリエンスは回復力、復元力です。多様な変化が同時多発的に起こる現代にあっては、失敗しないようにキャリアをデザインし、行動するのではなく、**失敗を前提にそこからの回復、復元をしていく力が重要**になります。また社会や企業の仕組みもそれを応援できるものであるべきです。

その回復、復元のプロセスで元通りになるだけでなく、これをチャンスに**新しい自分に生まれ変わるイノベーション**が起こせるとさらにキャリアは前進します。

ご存じの方も多いでしょうが、革新とよく訳されるイノベーションという言葉は、オーストリアの経済学者・シュンペーターが『経済発展の理論』で示した概念で、経済の発展は起業家（アントレプレナー）による、新結合（イノベーション）によって推進されるというものです。イノベーションという言葉はもともと新結合――新しいつながり、結合によって生まれる何かということでした。

その後、イノベーションは本来の意味から姿を変え、技術革新に対して、新たな付加価値やビジネスモデルを創造することの重要性を示す言葉として、多くの企業で使われるようになりました。

誰もが結合の妙でオンリーワンになれる

実は、キャリアの発展もインベンション（技術革新）で生まれると思われがちです。簡単にいえば、能力や技術によってキャリアが拓かれるという考え方です。もちろんイノベーションを実現していくには、それを支える技術が必要なように、キャリアイノベーションといえる変化には、それを支えるスキルが必要になります。

しかしキャリアを前進させるようなイノベーションは、技術だけでは生まれません。つながり、結合が必須です。たくさんの目標を立てて、同時に追いかけることは効率が悪いように感じるかもしれませんが、**目標の束がつながり、結合することで、皆さんのキャリ**

アは個性化し、本当に自分らしいと思えるキャリアに変化していきます。

今から15年前、私は食品メーカーの平社員という状態でしたが、社会人大学院でのご縁からあるコンサルティング業務をやってみないかという打診を受けました。当時の上司、人事に今でいう副業状態でやらせてほしいと打診したところ、残念ながら結果はＮＯでした。週１日ぐらいの稼働の案件だったので、週末と有休で十分対応できると思ったのですが、まだ副業という言葉が珍しかった時代です。致し方なかったかと思います。

その後、食品メーカーを退社し、コンサルティング業務の世界に飛び込みました。数年後、今度は実家の家業にかかわるようにいわれました。今回は自分で決められる環境でしたので、両方を並行して進む道を選択。従業員数十名ほどの小さな所帯とはいえ、責任は小さくはありません。「そんな中途半端なことでいいはずないだろう」と先輩たちから注意されることもたくさんありました。

家業を継ぐために夢をあきらめざるを得なかった友人もいたりしたことから、何かに絞るのではなく、**and の発想でキャリアを広げていく小さなロールモデル**になりたいという思いがあり、それ以来15年とまだ短いですが進んできました。人の１・５倍は働かないといけないので、寝るのを2日に1回にしてみようとして体調を崩したりもしました。今では笑い話です。

そして現在、組織開発のコンサルタントでマネジャー向けの研修講師、中小オーナー企業の経営者、社会人大学院の教授で大学の非常勤講師、ソムリエの資格を持つゴルフ好きの40代……私らしいというか、私しかいないかなという結合になってきたと思っています。

多くの会社で副業が解禁され、今や副業（副《そ》える業）ではなく複業といわれるように、同じレベルでパラレルの業（パラレルキャリア）が可能な時代になりました。何か1つのことでナンバーワンになることは容易ではありません。しかし組み合わせ、結合の妙でオンリーワンになることは誰にでも可能です。

皆さんもどんどん行動の幅を広げ、そして組み合わせ、自分のキャリアにイノベーションを起こしてください。もし今、勤務している組織に副業制度がなくても思い切って相談することをおすすめします。多くの会社はどうしようかと考えている時期のはずですので、あなたがトライアル1号として選ばれる可能性だってあります。**今起きている変化を味方に、自分をイノベーションさせて**いきましょう。

case study

5 〝周囲からの期待に応える自分〟を捨てることでワクワクする目標が生まれる。管理職からプレーヤーへ戻り、会社に残る道を選択
――難波　猛さん（47歳）

会社で出世を目指す人生と向き合い自分の生き方を見つめ直す

「今、当たり前に目指しているあなたの目標は本当にやりたいことですか？」と問われたら皆さんはなんと答えますか。

総合人材サービス企業のコンサルティング部門でシニアコンサルタントとして活躍する難波　猛さん（47歳）はこの問いに真剣に向き合った1人です。3年前に営業部長職を自ら降り、いちプレーヤーとして会社に残る決断をした結果、「今は自分の分身が欲しいぐらいやりたいことがたくさん生まれてきました」と充実した笑顔で話してくれました。

そんな難波さんの決断の背景と現在に至るまでの経緯を振り返っていきましょう。

自然発生的に生まれた目標が、イキイキとした人生の軸になる好例です。

目標を意識してキャリアアップを目指す

難波さんは大学卒業後、「世の中の人に自分の言葉で影響を与える仕事がしたい」と漠然と考えて出版社に就職しました。しかし、入社後の配属は希望していた編集職でなく営業職。3年勤務し、結果を出したものの、編集への異動が難しいことを悟り、目標を達成できそうな新たなフィールドを目指し転職をします。

最初の転職先は求人広告を作成する会社でした。クリエイティブな視点も求められるポジションで自分の考えた言葉や文章が広告に掲載され、仕事の楽しさを感じられるようになったといいます。その後、人材を募集するクライアントの悩みを聞くうちに、**採用・配属・育成で人生に影響を与える人事の仕事に興味**を持つようになり、自ら希望し人事部へ異動をします。ここで、自分が採用し、研修にかかわったある新入社員から「成長できたのは難波さんのおかげです」と涙ながらに感謝の言葉をもらったことをきっかけに、人事という人に影響を与える仕事にのめり込んでいきます。

この会社に7年在籍し人事の経験を積んだ後、現在の再就職支援コンサルティング企業へ転職します。もっと多くの会社と人に影響を与えたい、自分の興味・スキル・経験を活かした上でのキャリアアップを目指したいという気持ちでの決断でした。

管理職の仕事が自分のやりがいを奪っている

「自分に合っている、面白いと思える仕事に出会えました」

難波さんは再就職支援コンサルティングの仕事をこう表現しています。再就職支援とは、早期退職や希望退職を実施する企業へのコンサルティング・支援を行う仕事です。企業で働く人の人生や会社の未来に影響を与える提案ができることが難波さんのやりがいにつながっていたのです。

成果を順調に上げていった難波さんは、７年で営業部門の部長に昇格。会社で結果を出して出世することが当然の流れだった時代であり、難波さん自身も周囲の期待をバネに努力を続けました。この時点で難波さんが**第一に考えていたのは、「周囲からの期待に応えること」**でした。

しかし、難波さんが**３年間部長を務めて感じたのはやりがいではなく違和感**でした。

「管理職は部門予算の結果がすべて。気づくと部下と数字の進捗を確認し合うだけの仕事になってしまいました。以前のように、クライアントの悩みを一緒に解決するコンサルタントとしてのやりがいや面白さを見出せなくなっていました」

結果を出して認められたからこそ、自分は今のポジションにいる。仕事に面白さを求めることが間違っている。会社に与えられた役割で結果を出すのが自分の務めであり、管理職とはこういうものだ——こう考えることで、難波さんは自らを納得させていました。

そんな難波さんが自分の人生を見つめ直すきっかけになったのは、趣味の読書でした。特に歴史書を好んで読んでいたのですが、あるとき、管理職として悩む自分と故郷の偉人・吉田松陰の生き方がコントラストのように浮かび上がってきたといいます。

吉田松陰との違いはなんだろう。松陰は、周囲が無理だと思うこと、先が見えないことでもやろうと思ったことは反発やリスクも覚悟して貫き通していた。そこが松陰と自分が大きく異なる点だと難波さんは気づきます。

「自分はキャリアデザインセミナー等で『これからの人生を真剣に考えましょう』と堂々と語っている。でも、**自らは管理職に向いていないし、やりたくないと気づいているの**

に、その事実に向き合わず放置している。このまま死んだらなんてダサい人生なんだろう。ふとそう思ってしまったんです。それがずっと脳裏に残って……。それなら、やりたいことをやりきって後悔がないといえる自分になろう。そう覚悟が芽生えてきました」

今まで違和感を覚えていても、自分だけじゃない、みんな同じように悩んでいるに違いないと、**目をつぶってきたことに初めて真剣に向き合った瞬間**でした。

「会社で出世する」という目標を捨てる

難波さんは真剣に悩んだ結果、**「世の中の人に自分の言葉で影響を与える仕事がしたい」という原点**に立ち返り、これをやりきろうと決めました。就職当時、難波さん自身に明確な自覚はなかったかもしれませんが、これがキャリアの目的となったわけです。

そのためには会社の利益を一番に考えなければならない部長というポジションを離れ、会社での出世という目標を捨てる決断が必要だと判断します。ただ、コンサルタントとしての今の仕事は続けたい。そこで、退職や転職ではなく、プレーヤーとして会社に成果をコミットする提案を思いつきます。

「役職を降りれば居場所がない、そんな雰囲気が当然のようにある中で会社に提案をすることは相当の覚悟が必要でした。一方で自分は**役職から離れたほうが組織の求める結果を出せる**ような気がしていました。その気持ちを会社にぶつけてみると、もちろん簡単にはいきませんでしたが、結果を出すならと何とか認めてもらうことができました。当然、給与は下がり、生活にもかかわるので家族の理解も必要でした。でも、自分の人生は自分で決めたい。その思いがすべてに勝ったんです」

このとき、難波さんの中にこれからは自分で自分の人生をコントロールするという思いが強くわき上がったといいます。同時に結果を出さなければ辞めるしか選択肢がなくなるというプレッシャーも生まれていきました。

社外の情報収集から始めてみる

会社での出世という目標を捨てて歩き始めた難波さんですが、「世の中の人に自分の言葉で影響を与える仕事がしたい」という目的以外に具体的にどんなことをすればよいかが描けていたわけではありませんでした。ただ、個人で結果を出すことをコミットした以上、**自分で自分を成長させていかなければならない**という漠然とした思いがありました。

そこで、難波さんがまず考えたのが社外の情報収集でした。約3年前のことです。

個人で勝負していくには社外のネットワークがなさすぎると考え、始業前の時間を利用して異業種交流の場である「朝活」へ参加してみます。とりあえず社外の情報収集から、と純粋な好奇心のみで参加した場だったのですが、ここで大きな刺激を受けることになります。

「会社を超えてこれまで出会ったことがない人たちと会うことで、さまざまな生き方や価値観があることを知りました。また、**入ってくる情報の量や質が変わりました**。実際、朝活を経て、それまで興味のなかったSNSを慌てて始めるようになったんです」

難波さんは朝活に参加をしたことを機に、SNSで自分の活動を広げていくようになっていきます。まずは**興味がある事柄の中で、ハードルが低くてすぐに行動に移せそうなことを選択**。それが、新しい世界を切り拓き、新たな目標が生まれるきっかけとなっていったのです。

関係性の広がりが目標の達成につながり、新しい目標を生み出していく

難波さんは朝活への参加を機に、新たな出会いが自分を成長させるきっかけになる、という仮説を持ちました。今度は既存の場への参加だけでなく、自分から新たな出会いの場を増やすという目標をつくります。具体的には**SNSで積極的に自分自身が好きなこと、趣味、感じたこと、やってみたいことなどを楽しんで発信**していきます。

本章の冒頭で挙げた目標の2つの意味――目標に向かって進むことで、新たなネットワークとスキルが身につく、その目標によってワクワクして、心のパワーを上げていく――が自然と実践されている状態です。

この流れの中で、「自分の本を出版したい」という就職活動時代の夢を思い出します。この夢も自分の新たな目標としてSNSで発信してみました。すると、SNS上でつながった仲間から「今、ちょうど出版に興味のある人を探しているので、一緒にやってみませんか？」と思ってもみなかったオファーを受けることになります。結果、ここから一気に話が進み、長年あたためていた企業の中でローパフォーマーといわれる人の行動変容に

関するビジネス書を出版することができました。朝活への参加からなんと1年足らずで、学生時代から抱いていた夢が達成できてしまいます。

この経験を経て、難波さんは自分の中に埋もれている**興味・関心、やりたいことをリミッターを外して言語化**してみることにしました。次なる目標は、著名な大学教授や本の書き手と一緒に、企業で働く人たちが自分のキャリアを考えるきっかけになるようなセミナーを開催することです。SNSでつながった仲間に紹介を依頼したり、「この人は」と思えばダイレクトにアプローチもしたりしていったのです。

難波さんは、このとき、「読書（趣味）×会って話してみたい人（興味）」を掛け合わせていたように見えます。ここから、キャリアの目的である「世の中の人に自分の言葉で影響を与える仕事」につながる発信型のセミナーというやりたいこと（目標）を生み出していったといえるかもしれません。

「いきなりアプローチすることに抵抗はあったのですが、やってみるとうまくいくケースも出てきました。何事もチャレンジですね。当初は趣味が合う仲間をつくることから始めたのですが、**仕事でもつながる仲間がたくさんできました。**こうした仲間から『一緒に人事の仕事や個人のキャリアに関するイベントをやりましょう！』と誘いが来るようにもなりました。今は交流するうちに自然と新しくやりたいことや目標ができるんです。思い切って飛び込んだ朝活から始めた活動がここまで強力な自分の支えになるとは思っていませんでした」

活動を継続していくうちに、難波さんの会社との関係性も変化していきました。

「不思議なことですが、**会社の方針に従って働いていた頃よりも会社へのエンゲージメントは高くなった**と思います。周囲からは『自分のネットワークから仕事をつくり出している難波さんって、会社の看板に依存しない社内フリーランスみたいな存在ですね』といわれています。会社に貢献する結果を出さなければ自分がやりたいことができなくなるので、自分にとっていい刺激になっています」

個人で組織の成果にコミットするために自分を成長させようと頑張ってきた結果、これまでの会社や上司の期待に応えるための仕事のやり方から、いつの間にか**自分がやりたいことのために会社や上司を巻き込んでいく仕事のやり方**に変化していたのです。言い方を換えれば、難波さんにとって、会社に所属するという意味や意義自体が大きく変わっていったといえるかもしれません。

たくさんの目標が充実した人生をつくり出す

最後に難波さんはこんなことを話してくれました。

「先日、実は３冊目の本を書くことができました。これからもやりたいことはまだまだあります。未経験のメディアでの発信、教壇に立つこと、ダイエット、フルマラソンへのチャレンジ……。やりたいことがありすぎて自分の分身をつくりたいくらいです。でも、実際はやりたいことをやり続けるには出世することをあきらめたり、家族団欒に費やす時間を減らしたり、結構、犠牲にしていることもあるんですけどね。今は自分がワクワクすることをやりきって、死んだときに、難波さんってこんな人だったな、こんなことをいっている人だったなとみんなの記憶に残る人生を歩みたいと思っています」

朝活に参加してからの３年間で、難波さんはＳＮＳでのともだち数は約５０００人、書籍を３冊出版、有名教授とのコラボセミナー7回、ラジオ、ユーチューブへの出演、18キロの減量、ランニング総距離１５００キロを走り切る、ということを実現してきました。

１つのやりたいことが、新しい仲間やネットワークにつながり、そこから新たにみんな

と一緒にやりたいことに広がっていく。1人でやりたいことを考えているというよりは周囲とのかかわりの中からやりたいことが生まれてくる。このサイクルが生み出されたことで、企業へのコンサルティングやセミナーという難波さんの**仕事での成果を高めることにもつながっている**ように見えます。

もちろんこの結果は難波さんが持つ意志の強さ・行動力の高さゆえという面もあるでしょう。しかし、**周囲からの期待ではなく、自分がやってみたいこと、ワクワクできることが、いかに人生をパワフルに動かすか**を物語っていると捉えることもできます。

序章でも述べたように、キャリアの世界ではよく、自分の「WILL・CAN・MUST」でこれからの人生を考えるということがいわれます。結果、多くの人が現状の自分の思考の枠に囚われて目標を描きがちです。

しかし、これからの時代は描いた目標自体がなくなる時代です。そんなとき、自分だけで目標をつくるという閉じた意識ではなく、新たな関係性から目標が自然とたくさん生まれてくるという開いた意識を持っておく。そして、**自然と生まれてくる目標が人生を楽しむ軸になっていく。**難波さんの事例はこのことを示唆する好例です。

トレーニング編

Training

第5章

キャリアを楽しく実験する

1 遊び感覚の実験で自分への理解が深まる

目標喪失時代のキャリアデザインの最後のステップがキャリアを楽しく実験する、です。通常のキャリアデザインでは、目標を定めたら、目標達成に向けたプロセスを描き、あとは達成に向けて行動、アクションを起こしていくことになります。目標喪失時代のキャリアデザインでも行動、アクションはきわめて重要ですが、プロセスの中で起こる気づき、視点の変化、視野の広がりなどを貪欲に吸収していくことに力点を置くという意味で、アクションではなく、実験と呼びます。

目標設定の時点で行動がイメージできるものを優先しているはずですので、その行動を起こしていきます。しかしこの時点では**あくまで実験というスタンス**が重要です。そしてここでも大切なのが「楽しく」というキーワードです。

キャリアや仕事との向き合い方を考えさせられる『仕事は楽しいかね?』という名著が

あります。ストーリー仕立ての書籍ですが、この本では次のような興味深いキーワードが登場します。

・試してみることに失敗はない
・明日は今日と違う自分になる、だよ
・遊び感覚でいろいろやって、成り行きを見守る
・君が「試すこと」に喜びを見出してくれるといいな

私たちがもし挑戦できなくなってしまっているとすれば、それはうまくいかないかもしれないという漠然とした不安や、過去の失敗がトラウマとなった不安によるものです。またうまくいっていたとしても、あのような努力はもうしたくないと、無意識に思っているのかもしれません。だから挑戦とか変化を前にしたとき、足がすくんでしまうのです。でも、これは普通のことです。今までの人生、すべてうまくいったなんて人は滅多にいません。そして、**これまで頑張ってきた人ほど、その難しさや不安を学習してしまっているのです。**

だからこそ私たちが始めるのはキャリアのお試し、実験です。実験には実験結果があるだけ。うまくいくことも、うまくいかないことも実験結果に過ぎません。そしてその**実験結果を知っている自分は、昨日の自分より一歩前進している**のです。

実験の繰り返しで見えてくるキャリアの道筋

将来、ビジネスパーソンが集まるバーを開きたいと思っている人が、実験として1週間の休暇を取ってバーでアルバイトの実験をしたとします。バーでカウンター越しにいろいろな人と話すことが天職だと感じていたけれど、実際やってみると夜の仕事や深夜帰宅するライフスタイルがまったく体に合わないということもあります。バーを開店した後であれば失敗となるかもしれませんが、有給休暇を使ってのアルバイトであれば安全を担保した実験に過ぎません。この人は今回の実験から、**「人と話す仕事は天職だが、夜の仕事は自分には向いていない」という新たな知見を得る**ことができるのです。

このような安全な実験を、遊び感覚で試していくことがこの4つ目のステップです。実験のプロセスで、自分への理解や、自分の目的がどんどん深まっていき、いろいろと試すことが楽しみになってくるでしょう。さまざまなネットワークが形成され、キャリアを好転させてくれる仲間もたくさんできてきます。最初は1人で考え、1人で探していたネットワークが、徐々にたくさんの人がアドバイスしてくれたり、次のつながりを紹介してくれたりするように進化していきます。

そしてまた実験を繰り返していくと、だんだんと自分らしいキャリアの道筋が明確に見えてくるのです。

それぞれのステップが相互に影響。限界突破へ

ここまで、［ステップ1］自分のキャリアの目的（パーパス）を考え始め、［ステップ2］体質改善に取り組みながら、［ステップ3］たくさんの目標ができあがってきたと思います。これらは一つひとつ進めていくものではありますが、**ステップを進めると、同時に他のステップに影響を与えていく**ものでもあります。体質改善でネットワークと視野が広がり、目的が進化することもありますし、目標づくりの際に見つけた新たな視点によっ

て、新たな成長行動が発見できることもあります。

限界突破をしていくには、この新たな視点の獲得が重要です。**限界というのは、ある意味、自分が持つ世界観、枠組みがつくり出すもの**なのです。

自分のキャリアに閉塞感、あきらめ感を感じている人は、深く悩むことをいったん脇に置いて、視点、視野を広げることが大切になります。自分の凝り固まった枠組みを破壊する「リフレーミング」という手法を用いた研修もありますが、内側からの破壊よりも、**新たな視点を自身で発見してリフレーミングしていく**ほうが自然なアプローチと考えます。

「ステップ4」の「キャリア実験」は新たな視点を発見し枠組みを破壊する、効果的な手段ともいえるのです。

2 キャリア実験計画は「安全」がポイント

キャリアの実験を楽しく繰り返していくには、安全なものである必要があります。**大きなリスクを取らずにキャリアの可能性を探求**していくことが大切です。

そこで参考になるのが、スタンフォード大学のライフデザイン・ラボが提供する「Designing Your Life」というキャリアプログラムです。スタンフォード大学には、dスクールというデザイン思考を学ぶプログラムがあります。デザイン思考とはデザイナーたちが考える思考プロセスをビジネスに取り入れることでイノベーションを起こしていくというもので、「Designing Your Life」もデザイン思考のプロセスを活用しています。

この「Designing Your Life」中に、「プロトタイプをつくる」というステップがあります。プロトタイプとはデザイナーがつくる試作品のこと。つまり、キャリアの試作品づくりをしていこうというわけです。そしてここでは、ライフデザインインタビューとプロトタイプ体験という大きく2つのアクションが提示されています。

ライフデザインインタビューは、自分のキャリアについての疑問点を、それを経験しているだろう人にインタビューしていくという手法で、プロトタイプ体験は自分が感じているキャリアへの疑問点を解消できる体験を実際にしてみるというものです（このプログラムをより詳しく知りたい方はビル・バーネット、デイヴ・エヴァンスの『LIFE DESIGN〜スタンフォード式 最高の人生設計』を参照ください）。

結果以上に、「インタビュー＋実験」で得た視野を大事にする

本書で紹介する実験方法も、インタビューと体験となりますが、「Designing Your Life」の提案とは異なる点があります。それは私たちが提案するキャリア実験は「体験」ではなく、「実験」であるという点です。そして、キャリアの本質が結果ではなく、プロセスの充実にあるという観点に立ち、実験を通じて自分らしい本当の目標を見つけること（＝結果）も重要だが、それ以上に**実験のプロセスそのものの充実や、そこから得られる新たな知見、視点、視野、疑問を大切に扱っていく**というのが最大の特徴になります。

プロトタイピングが何か具体的な仮説の検証作業だとすると、私たちのキャリアの実験

は基礎研究における実験スタンスに近いものがあります。可能性を狭めすぎず、あらゆる実験結果を次につながるデータとして扱っていくのです。

インタビューと実験について具体的に説明していきましょう。

好奇心を感じる相手に話を聞く「インタビュー」

最初の実験方法はインタビューです。インタビューという言葉にハードルの高さを覚える方がいるかもしれませんが、**「詳しい話を聞く」**という理解でＯＫです。

インタビューの対象になるのは、自分の周りでキャリアが充実していると感じる人、もしくはその人のキャリアに好奇心を感じる人になります。必ずしも、自分のキャリアの目標につながる人に限定する必要はありません。結果としてつながるものです。仮に現時点であなたの目標にペンションオーナーというものがあれば、今すぐではなくても自分でもそんな人を見つけたり、仲間が紹介してくれたりするはずです。

質問項目は厳密に決めておかなくてＯＫですが、次のことは頭に入れておきましょう。
・目標を持ったところから、現在までの出来事を具体的かつ時系列で確認する

・日々の生活について、なるべく具体的に確認する
・その仕事の本質は何と感じているかを確認する

質問の3つのポイント

目標としている人と話をするとどうしても感情面にフォーカスしてインタビューをしてしまいがちです。「楽しいですか」「大変ですか」と聞いても、相手は「大変だけど楽しいよ」としか答えられません。話を聞く際には、**冷静に事実を聞き取る**ことに重きを置きましょう。その上で、**事実に対してどう感じているか**を確認していきます。

次に日々の生活について確認させてもらいましょう。何時に起きて、どんな作業をして、何時頃に寝るのかです。休みはあるのかなども大切かもしれません。**それぞれの仕事の大変さは、日々の時間の使い方に現れる**ものです。日々どんな地道な作業や努力が必要なのかという現実を見落とさないようにすることが大切です。たとえば先ほどのペンションオーナーであれば、物件の探し方、集客の方法、採算は何年目で安定していくのかなど、その仕事で生活が成り立つかどうかにチャレンジ前は意識がいくものです。

一方で、毎朝お客さんよりも早く起きて食事をつくる、夕食はお客さんが食べ終わった

後の深夜にとるといった日々の生活での苦労を見落としがちです。長くその業界にいれば当たり前のことでも、異なる生活パターンをしてきた人がうまく順応できるかは未知数です。そんな点もしっかり確認していきましょう。

目標の先輩が、自分の仕事の本質をどう捉えているかも大切な質問になります。私たちは**仕事の華やかな部分に目を向けがちですが、それを支えるのは地道な作業**です。以前お会いしたスープカレー屋の店主は毎日同じスープができるよう祈るような気持ちで完全に同じ順番で作業をしていると語り、仕事の本質を「究極のルーティン作業」と述べていました。私たちのコンサルティングという仕事も華やかに見えるかもしれませんが、仕事の本質は、事実を積み上げるファクト思考や日々の学習、クライアントとの丁寧な信頼関係構築です。本質は長期の関係性を前提にした営業職と同じかもしれません。しかし、営業的な仕事が苦手ということでコンサルタントを志望する人が実際多かったりもします。

目標の生活、仕事を実際に行ってみる「実験のデザイン」

実験では、もう少し踏み込んで**目標の生活、仕事を実際に行ってみる**ということになります。

昨今多くの会社で副業解禁といった話も出てきていますので、トライアル的な実験をすることが随分やりやすくなってきました。私の友人にも、何回か会社に提案した新規事業案を、副業で、リスクを取らない形でスタートさせたという人がいます。実際に**スモールスタートさせてみる**ことは一番の実験ですが、**短期のアルバイトや無償のボランティア**など、リスクを減らして現状を大きく変えずにトライできる形が必ずあります。

私自身の実験を紹介しましょう。食品メーカーの社員だったときに、独立しようかどうか、たまたま電車で鉢合わせた大学院の先生に相談したことがあります。大学院でお世話になっているその先生は、私がイメージするキャリアのロールモデルでもありました。ひとしきり相談すると先生はこういわれたのです。

「悩んでいるってことは、まだそのときではないよ。ただそこで悩んでいても仕方がないので、できることをしてみればいいんじゃないかな。時機が来れば、もうやるしかないということになるはずだから」

実際、その後、私は先生のアドバイス通り食品メーカーに在籍しながら、いくつかのコンサルティングプロジェクトにかかわらせてもらうこと（実験）ができました。そして実験がどんどん大きくなり、「もうやるしかない」という感じになっていき、そのタイミングで退社を決めたのです。

私たちはキャリアの節目では、「悩んで決断しなければいけない」と思いすぎなのかもしれません。**インタビューと実験をうまく組み合わせることで、自然とキャリアは行きたい方向、行くべき方向に誘われていく**ものです。

インタビューや実験を通じ、自分の掲げている目標をより具体的にしていくことがもっとも重要ですが、それだけではない価値もあります。**再度自分のキャリアの目的や体質について考えていくことができる**ということです。

たとえば、よりよいキャリアを引き寄せる体質に自分自身を変えていく体質改善は「ステップ2」のワークで取り組んでいますが、「体質」が意味するものは多岐にわたります。自分に合った生活パターンや体力的な面も体質の一部であり、そこは冷静に考える必要があるでしょう。一方で、やってみたら意外に対応できたということもあります。やはり実験を組み合わせながら、ワクワクが強く持てているのか、苦労を超える十分なエネルギーとなっているかを確認する必要があります。

3 キャリアコンサルティングとコーチングを受けてみる

限界突破をしていくためには、新たな視点の獲得が重要という話をしました。つまり、他人の力をどんどん借りることが大切ということです。誰かに相談してみたり、誰かと一緒に目的を探してみたり、誰かを紹介してもらったり、とにかく**他人の力を借りて視野を広げてみる**ことです。

とはいえ、最初の段階で誰とどんな話をすればいいのか戸惑う方も多いでしょう。また、聞いた話を咀嚼することの難しさを感じる人もいるでしょう。そんなときは、その道のプロに相談することが有効な選択肢です。具体的には、キャリアコンサルティングやコーチングを受けるというもの。いろいろな投げかけをしてくれるので、視野も広がりますし、自分をより深く知ることもできます。さらには、**一歩踏み出す勇気をもらえる**ので4つのステップのいい循環が回り始めるのです。

キャリアコンサルティングとコーチングは扱う領域の広さが違う

キャリアコンサルティングとコーチングという選択肢を示しましたが、この2つは何が違うのでしょうか。

結論からいうと、大きな違いはありません。どちらも、相談者がより充実した人生を歩むことを目的にしています。違いといえば、扱う領域の広さです。

キャリアコンサルティングは、あくまでも仕事が軸になります。ですので、仕事に関する情報の見つけ方や書類作成の方法、面接での心構えについてなどの具体的なアドバイスまでもらえます。ただし、単なる適職相談ということではありません。最終的には相談者の人生の充実に向けて仕事をどのように位置づけ、何をしていくかについて一緒に考えていくのです。

一方で**コーチングが扱う領域は幅広**です。仕事面に限らず、恋愛も含めた人間関係、住環境や経済環境などの生活面、さらには余暇の過ごし方などあらゆる領域を扱います。ただ、どんなテーマの話をしていても、**すべては相談者の人生の充実が目的**です。話の背後

にある その人の価値観や願い、葛藤などに目を向けながら、物事の捉え方や行動の選択をサポートしていくのです。

アドバイザーではなく伴走者という認識

キャリアコンサルティングやコーチングのセッションを受けるときに、次の2つのポイントを意識することで、その効果を高めることができます。1つは、**答えをもらおうとしないこと**、もう1つは**自分の可能性に興味を持つこと**です。

まずは、「答えをもらおうとしない」ことですが、キャリアコンサルタントやコーチは、アドバイザーではありません。あくまでも本人が答えを見つけるための伴走者なのです。ここは大切なポイントです。答えやアドバイスをもらいたいと思っている人は、どれだけセッションを受けても、なかなか変わっていきません。能動的に感じたり、考えたり、行動したり、ということがないので、気づきが少なくなるのです。

それでは答えをもらおうとせずに、自ら探そうとする人が意識していることは何でしょうか。それが、もう1つのポイントとして挙げた「自分の可能性に興味を持つ」ことです。

多くの人は、自分は〇〇である、というある種のレッテルを貼っています。このレッテルが強力だと、セッションの中で見えてきた自分の価値観や願いを受け取ることができずに、可能性に蓋をしてしまうのです。そうではなくて、自分の可能性が広がっていることを信じて、ぜひ興味を持って探してあげましょう。**必ず何かが見えてくる**はずです。

体験セッションで相性を見極める

それでは、キャリアコンサルタントやコーチはどのようにして見つけたらいいのでしょうか。いくつかのサイト、サービスをご紹介します。

キャリアコンサルタント

これはというポータルサイトがまだ定まっていない状況ですが、厚生労働省が提供するキャリアコンサルタントWebサイトでは、国のキャリアコンサルタント名簿に登録しているキャリアコンサルタントを検索できる「キャリコンサーチ」というシステムがあります。

・キャリアコンサルタントＷｅｂサイト
https://careerconsultant.mhlw.go.jp/n/career_search.html

コーチ

ここでは２つのサイトをご紹介します。

・ＣＴＩジャパン　https://www.thecoaches.co.jp
日本有数のコーチ養成機関であるＣＴＩジャパンのトレーニングを積んだプロコーチを探すことができます。「人生の目的」を軸に歩むことを信条とするコーチングスタイルは、本書との親和性も高いものです。

・ｍｅｎｔｏ（メント）　https://mento.jp/
２０１９年秋から開始された利用者とコーチのマッチングサイトです。利用者の年齢や属性、相談したいテーマに基づいて、利用者と相性のよさそうなコーチを何人か提案してくれ、体験セッションも体験価格で受けることができます。

ここで注意いただきたいのが、専門サイトで探したとしても、自分に合った人がすぐに見つかるとは限らないということです。キャリアコンサルタントやコーチも人間。どうしても相性があるのです。

相性は実際にコミュニケーションをとってみないとわからないものです。おすすめは、体験セッションの申し込みです。多くの場合、低料金で体験セッションを提供していますので、**何人かの体験セッションを受けた上で、自分に合った人を選ぶ**といいでしょう。

4 「キャリアの実験計画を立てる」ワーク

いよいよ最後のワーク「キャリアの実験計画を立てる」です。**試してみることに失敗はありません。**ここでは、安全な実験を、遊び感覚で試していくこととして、実験の具体的な方法論を2つ説明しましょう。1つはインタビュー、もう1つはキャリア実験です。

インタビューを進める段取り

図表5－1に整理しながら進めていきます。

1 インタビューしたい人を挙げてください。この段階では、候補ですので、目標とのつながりはあまり意識せず思いつく人をすべて挙げましょう。

2 その人を選んだ理由は何ですか。書き出してください。

3 インタビューの際に聞きたいことをあらかじめ出しておきましょう。

※インタビューの際は、対象者の具体的な行動や事実を重点的に聞き取ります。その上で、事実に対してどう感じているかを確認していきましょう。

ポイント①目標設定時から現在までの出来事
ポイント②日々の生活
ポイント③その仕事の本質
ポイント④その他

まずは、誰に話を聞くかを考えていきましょう。「ステップ3」で目標を設定していますが、ここでは目標とのつながりをいったん横に置いて、キャリアという観点であこがれる人、気になる人を挙げていきます。選定基準などを考え始めるとスコープが狭くなって似たような人を選んでしまう結果になりかねないので、**あまり深く考えずに直感的に選ぶ**ことがポイントです。

[図表5-1]「キャリアの実験計画を立てる」ワーク　インタビュー編

1 インタビューしたい人を挙げてください。この段階では、候補ですので、目標とのつながりはあまり意識せず思いつく人をすべて挙げましょう。

2 その人を選んだ理由は何ですか。書き出してください。

3 インタビューの際に聞きたいことをあらかじめ出しておきましょう。

※インタビューの際は、対象者の具体的な行動や事実を重点的に聞き取ります。
その上で、事実に対してどう感じているかを確認していきましょう。

インタビュー対象者	選んだ理由	聞きたいこと			
		ポイント① 目標設定時から現在までの出来事	ポイント② 日々の生活	ポイント③ その仕事の本質	ポイント④ その他

直感的に選んだ上で、その人を選んだ理由を考えます。理由というと大げさになりますが、気になっていることといった感じで結構です。

次に、選んだ理由を踏まえながら聞きたいことをあらかじめ出しておきましょう。

インタビューの目的は、自分が実際に行動を起こすときの参考情報を集めることです。話を聞く相手があこがれの人だったり、気になっている人だったりすると、その人がどんな気持ちで人生を歩んできたのかが気になるでしょう。しかし、同じことを自分がしたとしてもどんな気持ちになるかは異なります。その人がつらいけれど頑張れたことを、自分も頑張れるとは限りません。逆もまたしかりです。ですから、**重要なのはその人が具体的に何をしてきたか、何をしているか**です。それを聞いて、**聞いた内容を想像したときに自分がどう感じるか**が大切なのです。

なお、質問事項を厳格に決めておく必要はありませんが、たとえば次のような問いかけを頭に入れておくとその場でスムーズに話を進めやすいかもしれません。

インタビューでの質問例

・この仕事を始めるための準備として何から始めましたか？
・もう一度やり直すなら、何から始めますか？
・振り返ってみて、一番大切なことは何ですか？
・一日のタイムスケジュールについて、いくつかの代表的パターンを教えてください。
・どんな人と会っていますか？　具体的にどんな話をしていますか？
・どんな作業がありますか？　具体的に教えてください。
・特に大変なことは何ですか？
・以前ともっとも変化したことは何ですか？
・この仕事の本質をひと言で言うと何ですか？
・この仕事を続けていくカギは何ですか？

話を聞きたい相手は思いつきましたか。どんな話が聞けるのか楽しみですね。

実験を進める段取り

次は実際に小さく実験してみるものです。図表5－2にまとめながら進めていきます。

1 ［ステップ3］で設定した目標を転記してください。

2 実験を通じて確認したいポイントを洗い出します。ライフスタイルの変化や、コミュニケーションの相手や方法の違いなど、少しでも気になることは出しておきましょう。

3 実験方法（アルバイト／ボランティア／シミュレーション等々）の候補を出してください。確認したいポイントが明確になる方法がベストですが、まずは気にせず出しましょう。

4 アプローチ先は2種類出します。1つは、実験方法や実験先を見つける相談ができそうな人です。もう1つは、実際の実験先の候補です。

[図表5-2]「キャリアの実験計画を立てる」ワーク　キャリア実験編

1 [ステップ3]で設定した目標を転記してください。

2 実験を通じて確認したいポイントを洗い出します。ライフスタイルの変化や、コミュニケーションの相手や方法の違いなど、少しでも気になることは出しておきましょう。

3 実験方法(アルバイト／ボランティア／シミュレーション等々)の候補を出してください。確認したいポイントが明確になる方法がベストですが、まずは気にせず出しましょう。

4 アプローチ先は2種類出します。1つは、実験方法や実験先を見つける相談ができそうな人です。もう1つは、実際の実験先の候補です。

目標		確認ポイント	実験方法(アルバイト／ボランティア／シミュレーション等々)	アプローチ先	
				相談相手	実験先
1.					
2.					
3.					
4.					
5.					

［ステップ3］の目標に沿って考えていきますので、まずは設定した目標を転記します。

そして、設定した目標を実際にやっている自分を想像してみます。そのときに、これまでと変化するところをイメージして、**自分が不慣れな領域や、うまくイメージできないポイント**などを洗い出してみましょう。それが実験を通じて確認したいポイントです。

次に、実際に実験できるところを探していきましょう。自分のネットワークの中にあればすぐに思いつくかもしれませんが、ない場合はここでも他人の力を借ります。

誰に相談すると見つかりそうでしょうか。あるいは、そこに近づけてくれる相手を紹介してくれそうでしょうか。体質改善のレッスンと重なりますが、ここでネットワークを広げておけば、いざ目標に向かって本格的な行動を起こす際に活かされる可能性が高いので、躊躇することなくアプローチしていきましょう。

いろいろとアプローチをしても、どうしても実際の実験が難しい場合は、**シミュレーションしていく**ことを考えてみます。あなたがパン屋さんを開業したいという目標を持っているとします。休日だけでもパン屋さんのライフスタイルに合わせてみることが1つのシミュレーションです。起床時間を合わせ、仕込みや発注で何をどのくらいの時間をかけてやるのかをイメージし、営業の合間を縫っての昼食はどんな感じかを実際にやってみたりするのです。そして、これが毎日続くことが自分にとってどういうものなのかを感じてみましょう。そうすることで、見えてくることがあります。

繰り返しますが、試してみることに失敗はありません。**インタビューも実験も、動いてみたら必ず気づきにつながります。**なぜなら、実験だからです。子供の頃の遊びは、きっとそんな実験であふれていたはずです。鬼ごっこをすれば、新たな隠れ場所や、捕まらない逃げ方など工夫しましたよね。鬼ごっこのうまい友達に、どうやってあの隠れ場所を見つけたのかを聞いたこともあるのではないでしょうか。

実は、**私たちは子供の頃からずっと実験をしてきた**のです。そんなワクワク感を思い出して、遊び感覚でどんどん実験していきましょう。

5

実験を繰り返そう!

さあ、ここまでくればあとは実験の連続です。体質改善を意識しながらキャリア実験を繰り返し、そのプロセスでの発見を活かして、さらなる目的の探求や新たな目標の創造を楽しんでいってください。

もちろんどこかのタイミングで、「これは」という目標が見つかり、しばらくはそこに向かって全精力を投入するという時期が来るかもしれません。私たちは、何か1つのことに打ち込むこと自体を否定しているわけではありません。皆さんの心がそうしたいと思えば、ぜひそうしてください。

しかし、何か1つの目標に没頭することが大きなリスクとなる時代であることは忘れないでくださいね。**壁にぶつかれば、また新たに前に進めばいいだけ**です。

私も50歳が迫る年齢となってきましたが、同年代の仲間たちと話をすると大きく2つに分かれます。夢や目標を語る人と、グチと言い訳を語る人です。夢や目標を語る人は、夢や目標そのものではなく、そこに向かっての行動、実験の話をたくさんしてくれます。**「こんな人に会った」「こんな場所に行った」「こんなことを初めて経験した」**と。

皆さんはどうでしょうか。夢や目標、実験での発見を語れているでしょうか。グチや言い訳が多い方がいるかもしれませんが、それも仕方のないことです。

なんとなく決まった路線のようなものが社会と会社によってつくられていて、どこかで自分はこの辺りで下車するのかなと感じていた人もいらっしゃるのではないですか。特に40代後半はそのタイミングでもあります。さらに、乗り換えの路線があまり用意されていないのが実情でした。

しかしこれからは目標喪失の瞬間が乗り換えのタイミングであり、限界を突破して新しい自分を発見できるチャンスになります。ちょっと**グチをこぼしていたなら、今こそ新しい自分に出会う絶好のチャンス**かもしれません。

ピンチはチャンスという言葉がありますが、ピンチはピンチです——何もしなければ。ぜひ本書で紹介した4つのステップを使ってチャンスに変えてください。

case study 6

半歩踏み出し、実験をしながら、自分の可能性を広げ続けるキャリアの実践者

――小林　等さん（41歳）

3つの異なる顔を持つポートフォリオワーカー

「やってみたいことはあるけれど、いざ実行しようとなると……」

勇気を持って一歩踏み出すってなかなか難しいですよね。小林　等さん（41歳）は18年間在籍した大手旅行会社を40歳を機に退職し、独立という大きな一歩を踏み出しました。

「3年ほど前までは自分が会社を辞めて独立するなんて思ってもいませんでした。まして、複数の仕事を同時にするようになるなんて考えてもいなかったんです」

そう語る小林さんは現在、神奈川県二宮町で総合型地域スポーツクラブ「ラビッツクラブ湘南二宮」の運営、一般社団法人 Career Axis 研究所の代表、玉川大学観光学部の専任

教員という3つの領域で活躍するポートフォリオワーカーです。**ポートフォリオワーカーというのは、複数の名刺を持って、複数の組織、仕事を行っていく新しい働き方**のこと。多くの会社で副業制度ができてきたり、コロナ禍での会社の業績不安もあったりして、このような複数の名刺を持つような働き方も注目されています。

小林さんがポートフォリオワーカーに踏み切った背景をひもといていきましょう。

仕事とプライベートを両立できる働き方を実験する

大学時代に仲間とフットサルクラブを立ち上げ精力的に活動してきた小林さんが就職先として選んだのは業界ナンバーワンで、就職人気ランキングでも常に上位に位置する大手旅行会社でした。入社の決め手になったのは大企業であること、人とかかわる仕事ができること、そして学校教育に興味があり、修学旅行のような教育旅行にかかわってみたいということでした。

小林さんは入社後、関東近郊の地方支店で修学旅行などを担当する教育旅行事業の営業職としてキャリアをスタートします。

小林さんが希望していた教育旅行ではありますが、自分なりの教育旅行の企画・提案ができると思い描いていたイメージとは違い、仕事の現実は、与えられた業務をいかにして正確かつスピーディに遂行できるかを求められるものでした。また、先輩を見ていても異動も少なく、長年同じことを繰り返すだけのように見えてしまいました。思い悩んだ小林さんは、就職氷河期で狭き門を突破してせっかく入社した大企業だったにもかかわらず、なんと入社1年目で退職願を提出します。

「学生時代から続けていたフットサルの活動で土日は東京に行っていました。プライベートのほうが楽しかったですし、東京という場所やそこで働く人たちが輝いて見えて……。代わり映えしない自分の状況から抜け出し、東京で活躍したいと思ったんです」

しかし、小林さんは退社を踏みとどまることになります。小林さんの退社の意思を聞きつけた先輩の問いかけがきっかけでした。その先輩は、**「何のために働いているのか？」「将来は何がしたいのか？」**と小林さんに質問をしてくれ、そこから小林さんは自分の人生を真剣に考え始めたのです。

小林さんは先輩との対話を経て、自分が現実から逃げたいだけだったこと、仕事もフットサルも両方チャレンジしたいという本当の気持ちに気づくことができました。そこで、

3年間は会社を辞めず、同時に大好きなフットサルの活動も追い続けることを決意するのです。

小林さんは思い切って**仕事とプライベートのメリハリをつける**ことにしました。地元でもフットサルチームをつくり、終業後に大人向け・子供向けの教室を始めます。平日の日中は仕事、夜は地域のチームで大人や子供たちを指導、土日は東京でフットサルチームの運営・選手としての活躍とフル回転での活動のスタートです。

「いつのまにか仕事と大好きなフットサルを通じた活動をバランスよくこなせるようになっていました。両立はできるんだと自信になりましたね。また、地域の皆さんと活動を通じてつながると個人的な家族旅行や新婚旅行、会社の職場旅行なども相談いただくようになり、**自分らしいスタイルを貫くことが、本業にもつながる**と実感しました」

この経験は小林さんにとって、どちらか1つを選ぶのではなく、複数の活動を同時に実行できないかと考え、行動する最初の実験となりました。

自分自身が複数のフィールドを持っても活動ができるという自信と、むしろ**複数のフィールドがあることが自分の充実感につながる**という感覚を小林さんはつかんだのです。

新規事業公募制度でキャリア教育事業が採用される

順調に営業として成果をあげてきた小林さんは6年間の地方支社勤務後、首都圏の支社に異動しました。しかし、自分がかかわる教育旅行事業の将来については不安を抱えていました。競争激化で採算がとれない案件が増え続けていたのです。周囲には同じように不安を抱える先輩や同僚もいました。

そんな中、小林さんは現状を変えようと考えます。**新規事業公募制度を利用**し、以前からやりたいと考えていた学生を社会に円滑につなぐキャリア教育事業を提案したのです。後押しとなったのは、ある役員が朝礼で発した**「成功の反対は失敗ではない、何もしないことである」**というメッセージでした。

自分自身の就職体験、教育旅行事業とプライベートを通じて子供たちや学生と接して感じたこと、学生と社会のミスマッチの解消に貢献したいという思いをプレゼンし、見事に小林さんの企画が採用されます。

「大学院を目指す」前に仕事と通学の両立を実験

企画が採用され、事業創造部へ異動した小林さんですが、ここで新たな壁にぶつかります。思いだけで事業を企画し、会社に採用されたものの、今まで営業職一本だったため、実際に事業化していくために何をすればよいかが見えていなかったのです。

ここで、小林さんは、視野が広く何でも相談に乗ってくれるある先輩をロールモデルにします。その先輩が大学院でMBAを取得していたことから、自分も事業開発スキルを得るためMBAの取得を考えました。

しかし、大学院に通うにはお金も時間もかかります。途中であきらめるようなことはしたくない小林さんは、まず**1年間限定のビジネススクールへ行くことを実験として選択**します。そして、1年間通った結果、自分は学ぶことが好きで、学んだことが実務で活かせることが楽しいと気づきました。この実験結果から学ぶ意欲に自信を持ち、社会人大学院へのチャレンジを決めます。

ちなみにMBAというと海外の大学をイメージされる方も多いかもしれませんが、国内の大学、しかも働きながら平日夜と土日の通学で学位を取得できる大学院がたくさんあります。小林さんが選んだのは多摩大学大学院です。選んだ理由は、実務家の教員から学べること、少人数のクラスで教員と受講生、受講生同士の距離が近いこと、そして会社から近かったことの３つでした。

小林さんは多摩大学大学院での学びを以下のように振り返っています。

「働きながら大学院に通うことはとても大変で、睡眠時間が3時間なんてこともざらでした。でも、頑張れたのは多様な価値観、生き方、働き方をしている仲間とつながり、議論することが刺激的で楽しかったからです。大学院では当初、事業開発のスキルを学ぶことが目標でしたが、もっと大切なことを学ぶことができました。講師や仲間との対話を通じて、社会に貢献したいという志が明確になったこと。また、生き方、働き方はいろいろあって、自分も人と違う、自分らしい道を進んでいいんだということに自信を持てたことが最大の学びです」

社会人大学院という多様なネットワークにつながった小林さんのキャリアはここから急展開していきます。自分らしい働き方は何かという模索が始まり、**やろうと思ったことを全部あきらめない、まずは半歩踏み出してみる実験**がさらに進んでいきます。

大学院での学びを背景に在職中から地域活性化のために動き出す

首都圏の支社へ異動した小林さんは、異動をきっかけに東京から電車で1時間半ほどの距離にある神奈川県二宮町へ移住していました。都心で暮らすよりも自然あふれる環境で過ごしたかった小林さんはすぐにこの町を好きになり、町のために何か貢献していきたいという思いを抱くようになります。

そこで、神奈川県二宮町でスポーツを通じて地域を活性化するという目標に向かって動き出します。大学院の授業で社会への貢献という志を明確にした小林さんだからこその、**地域貢献とスポーツというテーマの掛け合わせ**です。

小林さんは、旅行会社に在職したまま、副業というスタイルで総合型地域スポーツクラブ「ラビッツクラブ湘南二宮」を行政と共に立ち上げます。実は当時、会社では副業制度はなく、金銭的な報酬を得ない形で、自分の時間とお金を投資してチャレンジしてきたのです。小林さんが35歳のときでした。最初はやりたい活動を周囲に理解されず、学校や役場に直接提案しても断られ続けました。しかし、営業で培ったコミュニケーション力で町議会議員や町長へ直談判をしながら2年の準備期間をかけて実現に至りました。

これまでつくってきた基盤が背中を押す

小林さんは**新卒から勤めてきた会社を40歳で退職することを決意**します。その当時を振り返って小林さんはこう語ります。

「大学院に入学する前に、40歳で立ち止まり自分のキャリアの方向性を考えようと目標を立てました。それまでの5年間は仕事、プライベート、そして大学院の学びをしっかり突き詰めようと考えました。そして、40歳になりこのまま会社に勤務しながら二宮町の活動を続けていこうとも思ったのですが、もっと自分は何かできるのではないか、社会に貢献できることがあるのではないかと考え決断しました。大好きな会社でしたが、退職しても外から貢献できるやり方もあるなとも思え、先輩社員を含め周囲の仲間にもたくさん相談しました。新規事業公募制度で立ち上げて育ててきたキャリア教育をずっと続けたいという思いが明確だったことと、二宮町での活動があったことが決断の後押しになりました」

1つの仕事に絞らず、やりたいことをあきらめたくないという思いで取り組んできたことが、いつの間にか小林さんの独立を後押しする資産となっていました。そして、そんな小林さんを支えた**もう1つの資産が周囲の応援**でした。

あきらめず、やりたいことに挑戦し続ける小林さんと一緒に仕事をしたいという人たちから自然に声がかかるようになってきていたのです。退職を決意すると、自分が立ち上げたキャリア教育事業は業務委託という形で正式に会社からも承諾を得ました。また思いがけず先輩から大学で教鞭をとらないかという誘いを受け、大学教員という名刺も持つことになりました。修士課程、博士課程と進んでも大学教員になれない人がたくさんいる中、実験し続ける小林さんには幸運の女神がほほ笑んだのかもしれません。

収入面については会社を辞めて独立した当初は厳しい時期もあったようですが、今では退社したときよりも年収は増えているということです。

1つのことに絞り切れない人生を楽しむ

40歳で独立し、キャリア教育事業の「一般社団法人Career Axis研究所」の運営、総合型地域スポーツクラブ「ラビッツクラブ湘南二宮」の運営、大学教員といった3つの仕事で活躍するポートフォリオワーカーとなった小林さんは現在の心境をこう話してくれました。

「新しいことにチャレンジしたい。それが私の根底にあるのかもしれません。周囲からは『やりすぎじゃない？』とか『3つの仕事をこなすのは大変そう』といわれることもあります。でも、**自分にとっては新しいことにチャレンジすることが心地いいんです**」

　そして、こう続けます。

「これから自分がどうなっていくのかについて、明確なビジョンはありません。でも**自分がどうなっていくか楽しみ**でもあります。自分がやりたいことだけではなく、周囲から求められることもあきらめずに**これからも実験しながらやっていきたい**です。実は、退職した旅行会社の同僚たちの新しいネットワークをつくることにチャレンジ中です。会社を出た人と、今も会社で頑張っている人とがつながっていけるネットワークです。今でもお世話になった会社が大好きですし、自分を成長させてくれた会社に恩返ししたい。これも私の新しいチャレンジ、実験ですね」

　一般的には新たな一歩を踏み出すには覚悟が必要で、何かをあきらめ、犠牲にしなければならないものだと思われるかもしれません。しかし、「半歩踏み出す天才」の小林さんなら、そんなこれまでの当たり前からも一歩踏み出してくれるのかもしれません。

企業内実践編

Practice

第6章

人事の果たす新たな役割

NTTコミュニケーションズ社の取り組みより

1

キャリア開発に組織の支援は必須

「はじめに」で述べたように、この章では企業におけるキャリア開発の取り組みを紹介します。企業主導型から自己主導型キャリアデザインへの移行が求められていますが、移行期である現在において組織の人事部門の果たす役割は重要になります。

読者の中には、人事担当として、社員のキャリア開発に関する取り組みで悩んでいる方も多いでしょう。そこで企業の取り組み事例を紹介しながら、

①自律的なキャリア開発に取り組む社員とどう向き合えばよいのか

②今の時代に企業が社員のキャリア開発に取り組む意義とは何か

の2点について考えていきます。

もちろん人事担当者以外の方も、**これからの組織が社員に期待することは何か**を知ることは、ご自身のキャリアを考える際のよきヒントになります。

人事の本気度が社員の可能性を広げる

研修で多くの人事担当の方と接しますが、ほとんどの方は、社員のキャリア意識を高めることが、「イキイキとした活力のある組織」をつくるために不可欠であるとよくご存じです。そして、人事やマネジャーがとことん伴走すべき必要があることも理解なさっています。

しかし、実態を聞いていくと次のような話がたくさん出てくるのです。

「若手にキャリアを考える機会を提供すると離職につながりかねない。だからキャリア研修は実施せず、目の前の業務に集中させている」

「10年目、20年目の**節目でキャリア研修を実施しているが、その後は個々の頑張り**に任せている」

「キャリアサポート室を設置したが、実質は退職希望者の相談窓口やローパフォーマーの追い出し隊と化している」

結局のところ、キャリア開発は本人が考えるべきものと位置づけて、人事として介入しないことが基本スタンスになっています。

しかし、変化の大きい今の時代に、そのスタンスで本当にいいのでしょうか。社員の変化を支援し、マネジャーを支援するサポート部門としての顔も持つ人事の本来の機能に照らせば、積極的に介入して社員の変化をつくり出し、組織をイキイキさせることにつなげることが必要なのではないでしょうか。

そこでご紹介したいのが、NTTコミュニケーションズ社（以下NTTコム社）です。社員のキャリア開発を組織が支援し、結果を出すカウンセラーを有する企業として、さまざまなヒントを与えてくれる事例です。

NTTコム社は、日本電信電話株式会社（NTT）のグループ企業であり、幅広くIT、通信のサービスやソリューションを提供している企業です。

NTTコミュニケーションズ株式会社
営業収益：1兆704億円
営業利益：1373億円（2020年度グループ連結決算）

従業員数：1万1600人（2021年3月現在）

NTTコム社では社員が自分のキャリアを考える機会をとても充実させています。今回は、ヒューマンリソース部のキャリアコンサルティング・ディレクターである浅井公一氏に話をうかがいました。

そこから見えてきたのは、**人事の本気度が社員の可能性を拓き、人生を変える起点になる**ということです。

どんな姿勢で社員と向き合うかはそれぞれの組織の考え方ではありますが、他人の人生に大きな影響を与える人事の仕事において、「社員とどう向き合えばいいのか？」という問いを持っている組織であることは、社員の可能性を最大化するという面で大きな優位性を持つでしょう。

2 社員が欲しいのは「本物の期待」

ビジョン　：「人材こそが競争力の源泉」
ありたい姿：「一人一人が力を最大限に発揮している会社」
「この会社で働き続けたいと思える会社であること」

これは、NTTコム社のヒューマンリソース部が掲げているビジョンとありたい姿です。この文言そのものが特別というわけではありません。多くの会社の人事部でも、ビジョンやありたい姿を示しています。しかし、それがお題目に過ぎず、普段はまったく意識されていないことも珍しくありません。

一方、NTTコム社では、決してお題目にとどめることなく、**しっかりと日々の取り組みに落とし込んでいます。**それによって、会社からの期待が本物であることが社員に伝わり、人事施策をパワフルに機能させることができるのです。

基本指針に込められた２つの意味

まずは、先ほど示した基本指針に込められた意味を確認しましょう。

浅井氏によると、ありたい姿に掲げている1つ目の「力を最大限に発揮」は、どこでも通用する高い能力、専門性を持つことを求めているものです。ですが、そのような高い能力を持つ人材は引く手あまたですから、他社に引き抜かれる可能性も高くなります。

そこでもう1つのありたい姿が重要になります。それが「働き続けたいと思える会社」です。もちろん経済的な安心感もあると思いますが、それだけでは、働き続けようとは思っても、働き続けたいとは思わないでしょう。

働き続けたいと思えるポイントは、**自分が必要とされていると感じ、自分の思いが尊重され、成長できると感じるかどうか**なのです。

それでは、NTTコム社で何が行われているのかを見ていきましょう。

3 どのように支援していくのか

ＮＴＴコム社では公式にキャリアを考える機会は２つ用意されています。

①新卒入社時から３年間、毎年のキャリア研修
②50歳時のキャリアデザイン研修と社内キャリアコンサルタントとの面談

それぞれについて考察します。

「無限の可能性」を認識してもらう若手研修

ＮＴＴコム社では、新卒で入社してから３年間、毎年キャリア研修を実施しています。前述のように、若手にキャリアを考える機会を提供すると離職率が上がる、だからキャリア研修はしないと考える組織もある中、この取り組みはユニークなものといえるでしょう。

新卒入社から3年間というのは、これから社会人としてどのような人生を送っていくのかをイメージしたい時期であると同時に、スポンジのようにさまざまなことを吸収する時期でもあります。

今の時代は、環境変化によってこれまで培ってきた知識・経験が白紙に近い状態になることを想定しなければなりません。ですから、最初の3年間のこのキャリア研修で、取り組んでいる仕事の意味を考え、**自らへの先入観を取り払い、自分の中に眠っている可能性に気づくきっかけをつくる**ことは、とても大切な施策なのです。

そもそも今の自分が知っている自分というのは、自分が持っているリソースの一部に過ぎません。自分の可能性というのはもっともっと広がっていることを、この研修で社員にしっかりと認識してもらいます。

「新たなチャレンジを促す」50歳での研修

もう1つの機会は50歳になるタイミングです。このタイミングで、対象者全員がキャリアデザイン研修を受講し、かつキャリアデザイン室に所属している社内キャリアコンサルタントと面談します。そして、受講者の変化をつくり出すまで社内キャリアコンサルタントがかかわっていくのです。ここまでのかかわりはＮＴＴコム社ならではの取り組みといえるでしょう。

50歳というと、皆さんはどんなイメージを持ちますか。

経験豊富で安定感のあるイメージでしょうか。一方で、経験豊富なだけに、仕事をさばいてしまい、挑戦的なことは「後輩の成長機会を奪うわけにはいかない」などと都合のいい言い訳をして避けてしまう。そんなイメージもあるのではないでしょうか。

以前、元サッカー日本代表の遠藤保仁さんがこんなことを語っていました。

「年齢的に後進に道を譲る時期ではないか、という人がいるけれど、それはおかしい。若手が自分の実力でポジションを奪うべきもので、ベテランもポジションを取られまいと常に成長すべきなんだ」

経験豊富だからこそ、新たなチャレンジを通じて成長を目指す。結果、組織が活性化するということなのです。

ＮＴＴコム社の研修ではヒューマンリソース部長が毎回必ず出席して、冒頭で「50歳は社会人人生の折り返し地点を少し回ったところでしかなくて、先はまだまだ長いですよ」という話をされます。これは、「私たちの力はこんなものじゃない、私たちはもっと成長できるし、挑戦しよう」というメッセージです。受講者はこの言葉に、会社からの本気の期待を感じ、研修の受講姿勢を変えていくのです。

これこそが、お題目にせずに落とし込むということであり、社員の人生に向き合うということなのだと感じます。

50歳の研修受講者の変化について、実際にあった話を2つご紹介しましょう。

Aさんのケース　踏み出す一歩は小さくても、変化は大きくなる

最初にご紹介するのは地方支店勤務のAさんです。地方支店では、最新技術が必要となる商談があまりない状況でした。それもあってAさんは、技術へのこだわりが強いわりに最新技術となると知識・経験が乏しかったのです。

そこに着目した浅井氏が「チャレンジしてみないか」と粘り強く働きかけていくと、Aさんは一歩踏み出してみることを決断し、上司に相談。上司も全面支援してくれることと

なり、Aさんは、最新技術に取り組める機会のある別の支店で2カ月間修行しました。その後、火のついたAさんは自ら志願してさらに別の支店で半年間修行。結果として、Aさんはある最新技術分野のインストラクターとして指導できるレベルにまで成長し、支店全体の技術力アップに多大な貢献をされました。

上司への相談という最初の一歩は、小さな一歩だったかもしれません。それでも本人にとっては大変な勇気がいるものです。**一歩を踏み出したことが次の一歩につながり、その繰り返しによって自分の中に眠っていた可能性が大きく拓いていった**のです。

この間、浅井氏がフォローし続けたことも、Aさんが挑戦する気持ちを維持する大きな助けになりました。

Bさんのケース　自分のあり方を探求し貫く

次にご紹介するBさんは、実は研修や面談で火がついたわけではなく、自ら考えて、自分の可能性を最大限に拓いた方です。

Bさんは、サービスにかかわる5つの分野でプロフェッショナルレベルの知見を持っていました。NTTコム社では、複数の分野でプロフェッショナルになることを推奨しているのですが、２つの分野でそうなるのがいいところ。５つの分野となると離れ業なのです。

若い頃から、失敗を恐れずにチャレンジしていくのがBさんの仕事のスタイルで、それによって専門性を高めてきました。しかし、このスタイルでは他の人より失敗することも多く、昇格は難しかったようです。しかしBさんは、**自分を貫いたほうが後悔しない人生を送れると考え、専門性を磨くことに決めた**のです。難しい決断だったと思いますが、まさに自分のキャリアの目的（パーパス）に沿う生き方を選択したといえます。

仕事以外の面では、Bさんは、あるNPOの中心人物として活動しています。根っからのネットワーカー体質と成長体質で自分の可能性を切り拓き、目標を広げ続けている感じです。「限界突破の４つのステップ」を実践するBさんは、１日24時間では足りないと語っているそうです。人生の充実ぶりが伝わってきます。

人によって何を選択するかはさまざまですが、AさんとBさんに共通するのは、自分らしい選択をしていることです。そして、**小さな動きの積み重ねが目標を広げ、目的を進化させ、大きな変化を生んでいます。**

一歩踏み出すことで変化は始まります。皆さんの一歩は、どんな一歩でしょうか。

4 ロールモデルとなる人材をキャリアデザイン室に配置

さて、NTTコム社のキャリアに関する取り組みが本気であることを示すものがもう1つあります。それは、キャリアデザイン室の人選です。現在は、専任が2名、兼任が3名なのですが、**その全員が社員から一目置かれる存在**なのです。

そもそも、キャリアデザイン室は今から約1年前にできた新しい部署です。それまでは浅井氏が1人で研修を企画し、受講者すべての面談、フォローを行っていました。毎年300回以上の面談を実施し、毎日ひたすら社員の活躍支援に奔走してきたわけです。浅井氏との面談により社員の行動がどんどん変わっていき結果が出てきたことで、遂に会社もキャリアデザイン室の設置を決めた経緯があります。

相談者の心を動かす人物であるか

キャリアデザイン室に相談に来た人は、どんな人に話を聴いてほしいのでしょうか。目の前の課題から逃げた人、会社に人生を預けている人ではないはずです。しっかりと自分で自分の人生のハンドルを握り、ロールモデルとして憧れることのできる存在となる人ではないでしょうか。そんな人の言葉だからこそ、心に響き、相談者が変化に向けた一歩を踏み出していくのです。

もちろん、それだけ優秀な人は現在の部署も手放したくなく、キャリアデザイン室の人員を確保することは容易ではありません。しかし、**ここを妥協して人集めに走った瞬間にこれまでの取り組みが水泡に帰す**ことを浅井氏はわかっています。

だから、たとえキャリアデザイン室の人員が足りなくて、相談希望者の全員に十分に応えられない状況になったとしても、「今の職場で活躍している人材」という方針を貫くのだそうです。浅井氏は語ります。

「そうした姿勢がメッセージとして伝わり、やがてキャリアデザイン室の仕事に携わりたいと考える人が増え、本人の思いを応援して兼務を推奨してくれるような上司も増える。私はそう信じています」

5 イキイキとした組織をつくる出発点

本章の冒頭で、「①自律的なキャリア開発に取り組む社員とどう向き合えばよいのか、②今の時代に企業が社員のキャリア開発に取り組む意義とは何か、の2点について考えていく」と述べました。最後にこの2点を整理しましょう。

社員に対するキャリア教育の重要性は高まっています。しかし、研修によって自分のキャリアに関する意識を高めたとしても、本人の意思のみで変化していくことは簡単なことではありません。だからここまでで見たように、人事の担当者には、**一人ひとりに徹底的に伴走し、本人の行動変容が起きるまでかかわる**ことが求められるのです。

それに加えて、会社の方針に沿った**制度や仕組みの整備、運用を徹底**することも求められます。社員が自分のキャリアを自ら本気で考えるようになるには、この両輪によって、しっかりと社内にメッセージを発信し続けていくことが必要です。これが「イキイキとした活力のある組織」をつくる出発点なのです。

人事の方からすれば、何でもかんでも人事の責任にしないでくれ、といいたいでしょう。私も人事を経験してきましたから、その気持ちはよくわかります。

キャリアの問題以外にも、ジョブ型人事制度への移行や働く人のメンタルヘルスの問題など、**人事が取り組まなければいけない課題は目の前に山積**しています。さらには働き方改革で労働時間の適正化を考えろといわれるけれど、誰も人事の働き方改革は考えてくれないじゃないか。そんな心の声が聞こえてきます。

キャリア開発で社員のエンゲージメントが高まる

でも、だからこそキャリアの問題を中心に据えてみてはどうでしょうか。実は、これらの問題の根幹にあるのは、キャリアの問題なのです。

社員が自分のキャリアを考えるということは、自分の人生を考えるということです。**どんな人生を送りたいかを考えれば、どんな働き方がいいかも考えるようになります。**それらをうまく統合していくことができれば、働き方改革の方向性も見えてくるはずです。そして、もう1つ大切な気づきが生まれます。それは、**キャリア開発には相互支援が必要**だということです。

キャリアを開発していくためには、誰かの助けが必ず必要になります。だから、自分のキャリアを開発するために誰かの助けを借り、誰かのキャリアを開発するために自分の力を貸すという相互支援が生まれ、周囲との関係性が良好になるのです。相互支援を通じて目的が進化したり、目標が広がったりもして、本人の潜在的な可能性がさらに拓かれていきます。

すると年齢にかかわらず目的に向かってイキイキと仕事に取り組めるし、そうなればメンタルヘルスの問題も解消に向かうでしょうし、結果、エンゲージメントも高まり、この会社で働き続けたいと思う人も増えていくはずです。これが、今の時代に企業が社員のキャリア開発に取り組む意義なのです。

キャリア意識のよい循環をつくる

人事担当者以外の方は、この章からどんなヒントを得られたでしょうか。１つお伝えしたいのは、キャリア意識を周囲の仲間にも広めて循環させてほしいということです。それによって、必ず自分のキャリアの可能性を広げることにつながります。

自分の隠れた可能性に気づくと共に、仲間の隠れた可能性を見つける。すると今度は、仲間が自分の隠れた可能性を見出してくれる。自分が一歩を踏み出すことで仲間に勇気を与え、仲間の一歩が自分に勇気をくれる。そして、お互いのワクワクするような未来を語り合うことで、お互いの夢が広がっていく。このように循環をつくっていくことが自分のキャリアに跳ね返ってくるのです。**自分のキャリアを考えることを、くれぐれも利己的なものにしないでください。**

経済学者で思想家でもあるジャック・アタリ氏は、「利他主義は、もっとも合理的な利己主義である」と述べています。そんな思いでぜひキャリア意識を循環させてみてください。結果として組織の期待に応えることにもなり、組織が社員のキャリア開発をよりいっそう考えるきっかけにもなるはずです。

展望編

Outlook

終章

限界を突破し、想像以上の自分になれる時代へ

1

不安定な時代に安定を求める苦しさから抜け出す

多くの方がキャリアデザインの重要なポイントに「安定」を置いています。これは当然のことです。一方で社会はどんどん不安定化しています。そんな今、何が本当の安定なのでしょうか。

安定とは本来、大事な人と自分の生活を守り、その上でやりがいのある人生を築くことといえます。前者を実現するには一定程度稼ぐことが必要ですが、その源泉は社会、周囲に貢献できる力があることです。後者は、他者に貢献することを通じ、存在実感を得られることではないでしょうか。

つまり、**変化の時代に安定するということは、絶えず変化して、周囲に貢献できる自分であること**と考えられます。そのためにはつながりと成長が欠かせません。

ここまでに紹介した4つのステップを繰り返しても、皆さんの職業は変わらないかもしれません。でも**皆さんの人生が楽しく、安心できるものになることはお約束します。**この

4つのステップを通じ、皆さんが変化すること、行動することに躊躇しなくなるからです。

コロナ禍の中で有名になったトム・ムーアさんをご記憶でしょうか。ロックダウンされたイギリスで、医療従事者を支援するために自宅の庭を100往復するという挑戦を始めた方です。それがネットで拡散されたトムさんは当時99歳。100歳の誕生日までに1000ポンドを目標に始めた活動は、150万人以上の賛同を得て、3279万4701ポンド（約47億円）の支援金を集めることに成功しました。インターネットのない時代であれば荒唐無稽とも思われる挑戦ですが、これこそ変化の時代だからできたことではないでしょうか。100歳のトムさんがチャレンジし、実験しているのです。

日本では以前55歳が定年だったこともあり、40代、50代というとなんとなく人生のゴールが見えてきたという空気が残っています。しかし人生が小学校と同じ6年課程とすれば、40代、50代は3年生、4年生の年齢。**これからが挑戦の本番**です。

長い人生を楽しく、生きがいを持って過ごせるかは、自分にかかっています。そして私たちは長寿化時代の先頭走者として、**子供たちに新しい生き方を提示していく責任**も持つのです。

2

キャリア自律という幻想。キャリアはつながりと応援でできあがる

今多くの組織で課題として耳にするのが、キャリア自律というキーワードです。

これまでは新卒一括採用で、年次管理された昇格と異動を繰り返し、会社主導でキャリアが形成されていく状態が長く続きました。そのため、キャリアについては個人があまり考えないほうがいいという風潮がありました。キャリア研修中に、「異動も昇格も会社が決めるのに、キャリアなんて考えても仕方がないですよね」といわれることもあります。

昨今、この会社主導型のキャリア形成から、自分でキャリアを主導していくキャリア自律の意識に変わることが必要だといわれています。

しかし、キャリアは自律的にデザインしなさいという変化が起こる中、誤解が広がっているのも事実です。

それは、**「キャリアは自分だけで考える」という誤解**です。自分の人生は自分のものだから自分の好きなように考えるべき、という極端な個人主義に傾く人もいますし、仲間や

家族、ましてや職場の友人などに自分のキャリアについては相談できない、相談しにくいという心の壁もあります。

自分らしいキャリアを描き、実現に向けて動くことに後ろめたさを感じさせる空気が社会や組織にはまだあるのではないでしょうか。またそこから抜け出すために、極端な個人主義にならざるを得ない孤独な方もいらっしゃるのではないでしょうか。

本当のキャリア自律とは、孤立することではなく、いろいろな仲間とつながり、支え、支えられる関係性になるということです。**所属する組織とその同僚とのつながりだけでつくられていたキャリアから脱皮し、新たなつながりを生み出すことで、自分を支えてくれる人をたくさん増やす**ことです。

そして**あなたも誰かのキャリアを支えられる人になる**ということです。人を支えられてこそ、本当の自律といえます。キャリア自律とはつながりと応援をどれだけ増やせるか、持っているかということなのです。

3 可能性は無限大！

キャリアは目標喪失の時代に入りました。大切な目標を失うことはショックな出来事ですが、目標を失った先にいる、自分が想像すらしなかった新しい自分と出会える時代でもあります。ただ一方で、なかなか限界を突破できない人がいることも事実です。ここで大きな壁が2つあります。

1つは、**社会の常識という壁**です。これは過去から積み上げられてきたもので、実は現在の社会構造に適合する確率が下がってきているものです。現状、常識といわれているものはすでに過去のものになりつつある、過去の常識を信じて充実したキャリアを築けるのはきわめて一部の人だけである――それをしっかり再認識することが大切です。

もう1つは、**自分らしさという壁**です。自分らしさ、自分のワクワクを大事にしろとここまで述べてきてそれはないと思われたら申し訳ありません。しかし、この自分らしさを小さく解釈して、そこから抜け出せなくなっている人もたくさんいます。

ちょっと複雑かもしれませんが、自分らしくキャリアをつくりながら、自分らしさの殻から脱皮し続けることが必要です。本当にこれは自分らしさなのかと、常に疑うことが重要で、自分らしさの罠にはまっていないかを絶えず確認する必要があります。

確認するための目安としては、まず、とても単純なことですが1年前、2年前と比較して自分が前進しているかです。結果としてのキャリアが前進していると感じられるなら、それでOK。少し停滞していると感じるなら、自分らしさが壁になっていないか振り返ってみてください。次に、自分らしさが「何かをやる、行動する」きっかけになるよりも、「何かをやらない、行動しない」きっかけになることのほうが多くないか振り返ってみてください。何かを頼まれたり、機会があったりしたときに、自分らしくないと感じてブレーキをかけることが多いと感じたら、自分らしさの捉え方に修正が必要です。

皆さんは、誰もが想像以上の自分になる才能を持っています。可能性は無限大。

さあ、前進あるのみです。

おわりに――「道は、すべての人の前に拓かれている」

「自分の人生のハンドルを、自分で握っていますか」

あるワークショップでいわれた言葉です。

ハンドルを握るというのは、自分の人生を自分の責任で選択していくこと。もっというと、**自分の人生の目的に沿って物事を選択していく**ことです。

誰かの目ばかりを気にして、ありもしない正解探しをしていた私は、ハンドルを握っていない。この言葉はそれに気づかせてくれました。

そこから私は、自分と向き合い始めます。

コーチをつけて、自分が感じていることを聞いてもらいました。さらに、人生の目的を探求し、弱さと向き合い、自分らしさを活かした生き方を模索しました。

そして、転職を決意します。

しかし、40歳を過ぎてのキャリアチェンジです。やりたいことではありましたが、果たしてできるのだろうかという怖さを感じていました。

そんな私にコーチがいってくれたのです。

「怖いということは、それだけ価値のあるチャレンジなんだね」

この言葉で心が決まりました。

私が人生のハンドルを自分で握った、変化の瞬間でした。

ちなみに、ここでいう変化は、転職したことではありません。自分の目的に素直に生きるようになった、ということです。

他人の目を気にすることなく、自分が思ったことを発信したり、行動に移したりするようになった。それが最大の変化です。

人は何歳になっても、人生のハンドルを自分で握れば変われるものなのです。

先日、中学3年生の娘がクラスの学級通信を見せてくれました。

道徳の授業で題材とした詩にならって、「道は、すべての人の前に拓かれている」に続く文を生徒が書いたものです。

そこには、中学生たちの自分だけの道をつくる強い気持ちが表れていました。「あなたは自分の道を自分でつくっていますか」と問われているように感じて、子供たちに胸を張れる生き方を示したい、と思いを新たにしました。

私は、皆さんの力をたくさん借りながら、自分の道をつくります。皆さんも、私と一緒に自分らしい道をつくっていきませんか。

北村祐三

おわりに――他者とは違う自分を見つける

本書の筆者3名は昭和48年、昭和49年生まれの同世代です。

この世代は、偏差値教育を経て、有名大学に入学、名が知れて安定した会社に就職し、定年を迎え、老後も退職金で金銭的に不自由のない生活をすることを、最近まで当たり前の価値観として目指してきたギリギリの世代かもしれません。そのような当たり前はすでに存在していない。多くの方がそれに気づいているのも事実だと思います。

しかし、そんな現実を受け止めつつも、目の前の仕事は忙しいし、自分にはまだ直接影響がない。考えるのはもう少し先でいいだろうと先送りにしている方も多いでしょう。

そんなときは、**すでに消えたゴールに向かい、目をつぶった状態で走っている**姿を想像してみてください。どれほど無謀かが見えてきませんか。

今回、ケーススタディで登場いただいた4名の方に共通していたのは、意外なことに最終ゴールを明確に描いていないということでした。キャリア研修ではビジョンづくりが大事といわれますが、明確には描き切っていないというのがポイントでした。

しかし、しっかりと目を見開き、目の前に見える興味・関心に向き合い、ぼんやりと見える自分なりのゴールに向かって前進していたのです。そして、重要なことは、4名とも**はっきり見えない中でも前に進むことを楽しんでいる**ということです。

人と違うこと、新しいことを始めるのはとても勇気がいることです。ただ、踏み出した先には新たな楽しみが待っている。それをケーススタディから感じ取っていただけたら著者として望外の喜びです。


人それぞれ違うキャリアを歩むことが当たり前になる時代は目の前に来ています。そのことを前向きに捉えれば、自分らしい希少性の高いキャリアをつくれる時代だということです。そんな希少性の高いキャリアを持つ人たちが集まり、同じ目的のもとに一緒に仕事ができたらどんなに面白いだろうとワクワクしてきませんか。

これまでは同質な価値観で一体感を持ってきた日本社会でしたが、**価値観は多様だけれど、目的で一体感を持てる社会になったらどんな未来が生まれるでしょうか。**

そんな未来を想像しながら、皆さんが他者とは違う自分を見つけることから私たちと一緒に始めていただけることを心より願っております。

最後に、本書の執筆にあたり多くの方にご支援いただきました。著者を代表して心より感謝申し上げます。この本の趣旨にご賛同いただき快く取材にご協力をいただきました児玉智美さん、難波猛さん、小林等さん、浅井公一さん、永久保宏代さんには、取材を超えてたくさんの気づきをいただきました。改めて皆様に感謝申し上げます。また、出版に向けて万全のサポートをいただいた編集者の酒井圭子さんにも改めて御礼申し上げます。

この本を通じ多くの方が、自分らしいキャリアを築いていっていただければ幸いです。

阿由葉隆

【主要参考文献】

リンダ・グラットン、アンドリュー・スコット（2016）『LIFE SHIFT（ライフ・シフト）』東洋経済新報社

高橋俊介（2012）『21世紀のキャリア論』東洋経済新報社

ダグラス・ティム・ホール（2016）『プロティアン・キャリア　生涯を通じて生き続けるキャリア』亀田ブックサービス

木村周（2016）『キャリアコンサルティング　理論と実践 4訂版』一般社団法人雇用問題研究会

J.D. クランボルツ、A.S. レヴィン（2005）『その幸運は偶然ではないんです！』ダイヤモンド社

紺野登、目的工学研究所（2013）『利益や売上げばかり考える人は、なぜ失敗してしまうのか』ダイヤモンド社

前野隆司（2013）『幸せのメカニズム』講談社現代新書

キャロル・S・ドゥエック（2016）『マインドセット 「やればできる！」の研究』草思社

植松努（2015）『思うは招く』宝島社

相田みつを（1984）『にんげんだもの』文化出版局

J.A. シュムペーター（1977）『経済発展の理論』岩波文庫

デイル・ドーテン（2001）『仕事は楽しいかね？』きこ書房

ビル・バーネット、デイヴ・エヴァンス（2017）『LIFE DESIGN スタンフォード式 最高の人生設計』早川書房

金井壽宏（2002）『働くひとのためのキャリア・デザイン』PHP 新書

デイヴィッド・ブルックス（2017）『あなたの人生の意味』早川書房

榎本英剛（2014）『本当の仕事』日本能率協会マネジメントセンター

株式会社 LENDEX（2020）［サラリーマン実態調査］
https://prtimes.jp/main/html/rd/p/000000002.000053175.html

東京商工リサーチ（2017）［「業歴30年以上の『老舗』企業倒産」調査］
https://www.tsr-net.co.jp/news/analysis/20180221_01.html

中小企業白書（2011）「第3部　企業成長を実現する中小企業」
https://www.chusho.meti.go.jp/pamflet/hakusyo/h23/h23_1/110803Hakusyo_part3_chap1_web.pdf

日刊 SPA!（2021）［全国の40 ～ 50代会社員3000人アンケート］
https://nikkan-spa.jp/1737180

パーソル総合研究所（2020）［テレワークにおける不安感・孤独感に関する定量調査］
https://rc.persol-group.co.jp/thinktank/research/activity/data/telework-anxiety.html

パーソル総合研究所（2021）［IT エンジニアの就業意識に関する調査結果］
https://rc.persol-group.co.jp/news/202102260001.html

チューリッヒ生命（2020）［ビジネスパーソンが抱えるストレスに関する調査］
https://www.zurichlife.co.jp/aboutus/pressrelease/2020/20200423

カンター・ジャパン（2012）［財産の所有と幸福感に関する９ヵ国調査］
https://www.kantar.jp/solutions/insights/526

BBC ニュース JAPAN　2021年2月3日「医療支援に47億円寄付の『英雄』」、新型ウイルスで死去　英女王らが哀悼」https://www.bbc.com/japanese/55914220

【著者略歴】

片岡裕司(かたおか・ゆうじ)

株式会社ジェイフィール 取締役コンサルタント、多摩大学大学院客員教授、日本女子大学非常勤講師、一般社団法人 Future Center Alliance Japan 理事
アサヒビール株式会社、同社関連会社でのコンサルティング経験を経て独立。株式会社ジェイフィール立ち上げに参画し現在に至る。組織変革プロジェクトや研修講師を担当。
著書に『なんとかしたい！「ベテラン社員」がイキイキ動き出すマネジメント』、共著に『週イチ・30分の習慣でよみがえる職場』（いずれも日本経済新聞出版）などがある。

阿由葉隆(あゆは・たかし)

株式会社ジェイフィール コンサルタント、国家資格キャリアコンサルタント
外資系人材サービス企業営業支店長、アウトソーシングサービス部門の立ち上げ、運用部門長などを経て、2017年にジェイフィールへ参画し現在に至る。人材育成・組織変革プロジェクト、研修ファシリテーターを担当。

北村祐三(きたむら・ゆうぞう)

株式会社ジェイフィール　コンサルタント、米国CTI認定プロフェッショナル・コーアクティブ・コーチ（CPCC）
金融会社の経営企画課長、人事課長を経て、2018年にジェイフィールに参画し現在に至る。人材育成・組織変革プロジェクト、研修ファシリテーターを担当。

株式会社ジェイフィール

「感情」と「つながり」を鍵として捉え、人と組織の変革を支援するコンサルティング会社。コンサルティングや研修実施を通じ組織開発、組織変革の実現をサポートする。
https://www.j-feel.jp/

「目標が持てない時代」のキャリアデザイン

2021年9月8日　1版1刷
2023年10月17日　3刷

著　者　片岡裕司、阿由葉隆、北村祐三

発行者　國分正哉

発　行　株式会社日経BP
日本経済新聞出版

発　売　株式会社日経BPマーケティング
〒105-8308　東京都港区虎ノ門4-3-12

印刷・製本　中央精版印刷

ISBN978-4-532-32423-0